大樂文化

我只用
三條均線的
多頭排列獲利法

學會70張K線圖
判斷股價強弱，抓到大賺 100% 的領漲黑馬！

25年強勢股操盤手　明發◎著

大樂文化

CONTENTS

Part 2

熟悉均線型態和葛蘭碧法則，
判斷股價強弱、抓買賣點 *035*

活用短、中、長期的 8 條均線，
擒獲領漲黑馬股 *059*

Part 4

三條均線的多頭排列獲利法，
讓你波段交易翻倍賺 *099*

從分析到實戰，
用均線跟緊主力、駕馭強勢股

　　我在1998年踏入股市，多年的實戰經歷讓我累積許多經驗和教訓，特別是在操盤強勢股之際，我陸續研讀一百多本投資理財類書籍，拓展思維眼界，提升操盤境界，產生許多感悟和啟示，從而萌生撰寫強勢股書籍的想法，於是本書誕生了。

　　這30多年來，自上海證交所成立後，中國股市風起雲湧，大盤指數整體處於上漲態勢，股票更從當初的八檔發展到如今的五千多檔，而且市場機制逐漸成熟，監管越來越嚴格、力道越來越大，股票投資也越來越受到民眾的接受與喜愛。

　　股市如同人生，跌宕起伏。作為一個投資市場，股市中不斷進行零和遊戲，雖然所有投資者都是平等的，但受到各種因素的影響，例如：上市公司資訊造假、主力機構內幕交易、投資者個人能力等，只有少數人得以在股市中賺錢，所謂「七虧二平一賺」就是這個道理，大多數人都承擔不同程度的虧損。

　　馬太效應（Matthew Effect）表明的「強者愈強、弱者愈弱」，是股市的真實寫照，也是做股票就要做強勢股的依據。中國股市不完全適合巴菲特提倡的長期價值投資，所以，廣大投資者（包括主力機構）想要

盡快賺錢，最好的方式是尋找強勢股，採取短線操作快進快出。

操作強勢股，把握上升趨勢，很快就能獲利。一般情況下，當天買進，當天便能取得成果。市場上，許多大牛股、黑馬股都來自於強勢股，這些股票的背後必定有主力機構在運作，而主力操盤一檔股票，或多或少會留下痕跡，這讓投資者有機會跟莊，買賣強勢股。

做股票像蓋房子，要從基礎開始

操作強勢股，把握上升趨勢，其實是做強勢節點，只做啟動到拉升這幾節，有如竹筍破土見日、成長最快的階段，而且在個股成長速度變慢之前撤退離場，這樣省力又省錢。

想要抓對強勢股，做好強勢節點，一定要學好基礎理論，練好基本功，在實戰中不斷累積經驗和見解，才能形成自己的操作思維、風格及模式。

《我只用三條均線的多頭排列獲利法》透過各類產業的實際案例，詳細分析主力機構在操盤強勢股過程中的企圖和目的，引導讀者理解主力運用的細節和手法，以利各位投資交易時，順勢掌握買賣點，實現短線快速獲利。

在本書創作過程中，我閱讀大量的相關資料和作品，參考許多深具價值的觀點，並融入自己操盤強勢股的經驗和心得，進而提出一些實戰技法。但是，投資者不要一股腦地直接套用，在跟莊時務必謹慎，要觀察個股的具體情況，包括K線走勢、成交量、均線型態等面向，進行通盤研判，再做出交易決策。

操作股票如同蓋房子，必須從地基開始著手，既要有豐富的理論知

識，又要有足夠的經驗累積。儘管我從事股票投資25年，不過在專業知識結構、理念風格、風險控制等方面，仍有不足之處，因此本書難免有一些缺失，還請各路投資高手和讀者批評指正。

真心希望本書能給予讀者投資理財上的幫助，並祝福讀者所求皆所願，所行皆坦途，所得皆所期。

PART 1

了解均線的特性和功能，
你看盤就會鎖定重點

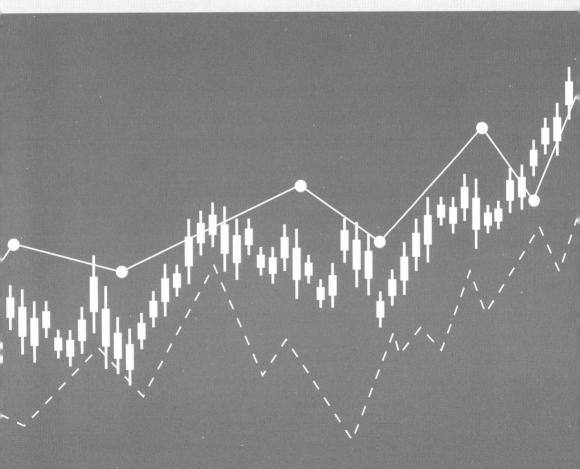

1-1 技術分析中，均線是廣泛運用的指標

　　均線的全名為「移動平均線」，英文簡稱MA，是指一定交易時間內的算術均線。它是以收盤價為數據，利用加權平均法推算出的一條曲線，用來顯示股價或指數的歷史波動。比如說，某檔股票的5日均線，是將該股五個交易日的收盤價總和除以5，形成5日平均點，然後將點依照次序連接成線。

　　均線又稱為「成本線」，代表一定時間內買進股票的平均成本，反映股價在一定時期內的強弱和運行趨勢。因此，均線也稱為「趨勢線」，既可以用來追蹤過往股價或指數的走勢變化，又能根據這些走勢變化預測發展趨勢，為投資者提供決策依據。

　　既然均線是趨勢線，那麼它的運行便具有方向和角度。就方向而言，當均線向上運行時，股價或指數的整體趨勢會向上；當均線黏合或平行運行時，股價或指數的整體趨勢是橫盤震盪；當均線向下傾斜時，股價或指數的整體趨勢會下跌。角度是指均線向上或向下的傾斜程度，即股價或指數運行方向的強弱程度。

　　投資者可以根據均線的運行方向和角度，研判股價或指數運行的發展趨勢及其強弱。當然，均線的運行方向和角度的變化，是由股價或指

數漲跌的發展趨勢所決定。

均線型態是均線系統在一定時間和條件下，反映出股價或指數運行方向和趨勢的表現形式。按照均線系統的排列，這種表現形式可以分為多頭、空頭、平行（黏合）和交叉這四種均線型態。

強勢均線型態是指，均線系統在一定時間和條件下，反映出股價或指數向上運行的表現形式。當股價或指數呈現上升趨勢時，均線發揮支撐或助漲的作用。均線型態越上翹，像是多頭排列、黃金交叉、黏合向上發散等均線型態，對股價或指數的支撐或助漲作用就越明顯。

由此可見，均線是技術分析的重要指標和關鍵工具，它反映一個時間區間內的平均價格和趨勢。透過均線，我們可以直觀地看見過去一個時間區間內的股價整體運行情況，但由於均線的滯後性，我們在研判個股發展趨勢或實際操作時，要結合其他技術指標，進行綜合分析判斷。

📈 1-1-1 均線代表一個週期內收盤價的平均值

簡單地說，均線是將一個時間區間內的每天收盤價統計平均，然後將各平均值連成線。不論短期、中期或長期均線，其本質意義都是反映股價在不同週期內的平均成本，是平均成本平滑運行的趨勢。均線的主要作用是消除股價隨機波動的影響，尋找股價波動的趨勢或方向。均線有五個涵義：

1. 均線實際上是持股成本，可說是市場的成本趨勢。
2. 並非均線改變股價運行方向，而是股價方向的改變會牽引均線移動。

3. 單條均線沒有重大意義，三條以上均線之間的交叉黏合或發散，才是應把握的重點。

4. 數條均線之間距離收窄、交叉黏合，說明市場成本趨於一致，一旦產生向上或向下趨勢，會延續一段很長時間。

5. 均線與其他技術指標一樣，都是在反映過去價格走勢，滯後性是缺陷。

圖1-1是中堅科技（002779）2022年3月9日的K線走勢圖。從K線走勢可以看出，5日、10日、20日、30日、60日、90日、120日和250日均線呈現多頭排列，可稱為強勢均線型態。

1-1-2 均線的上下穿越，
蘊藏股價運行的方向和趨勢

均線與股價之間的上穿（突破）、下穿（跌破），由均線的本質決定，正是因為股價的漲跌變化，才有均線與股價之間的上下穿越，而均線的上下穿越蘊藏其運行的趨勢或方向。兩者之間是密切的相互作用關係。

1. 均線與股價互相牽引

在均線與股價之間，股價具有主導作用。當股價向上或向下運行時，會牽引均線展開平滑移動。但在移動過程中，均線平滑移動方向的延續性又引導股價運行。這種互相牽引的關係，隨著股價的變化而改變。

圖1-1　中堅科技（002779）2022年3月9日的K線走勢圖

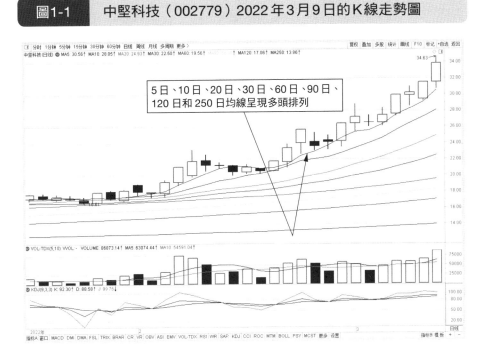

5日、10日、20日、30日、60日、90日、120日和250日均線呈現多頭排列

2. 均線與股價互相制約

　　均線的平滑移動受制於股價的運行變化，而股價的運行變化也受到均線制約，比方說，當股價距離均線太遠，就會規律地向均線靠攏。均線的支撐壓力或助漲助跌就是其表現形式，股價上漲時，均線在股價下方發揮支撐或助漲的作用，而股價下跌時，均線在股價上方造成壓力或助跌的作用。

3. 均線與股價互相確認

均線是一定時間內的每個交易日收盤價統計平均後，點與點之間的連線。可以看出，不論漲跌，股價的運行速度會比均線的平滑移動速度快，當股價遠離均線時，由於均線與股價的互相牽引，股價會展開回檔或反彈進行確認，然後沿著大趨勢方向繼續運行。

另外，均線的扭轉（或轉向）運行，同樣會比股價的反轉（或轉向）運行慢。當股價反轉或轉向後，會展開震盪整理進行確認，確認後的股價走勢應該會延續反轉後的趨勢運行。對於這種情況，投資者要綜合股價在個股K線走勢中的位置、成交量等情況，進行判斷和決策。

還有一種情況，均線在平行（或黏合）運行狀態時，股價在均線的纏繞或圍繞（或黏合）下，展開橫盤震盪整理，以短期均線上穿或下穿中長期均線，來確認突破方向。

不過，這種突破方向的確認具有不確定性，投資者要綜合股價在個股K線走勢中的位置、成交量等情況，進行判斷和決策。舉例來說，相對低位的放量或放巨量大陽線漲停板突破，就是主力機構展開短期快速拉升行情的訊號，此時投資者可以積極尋找進場時機買進籌碼。

圖1-2是冀東裝備（000856）2022年2月11日的K線走勢圖。從K線走勢來看，該股的均線系統可稱為強勢均線型態，既有平行（或黏合）型態，又有突破型態，還有即將扭轉（或轉向）的趨勢。

1-1-3 有6個技術特性：成本、穩定、助漲助跌……

均線共有六種技術特性，分別為成本性、趨勢性、穩定性、支撐壓

圖1-2	冀東裝備（000856）2022年2月11日的K線走勢圖

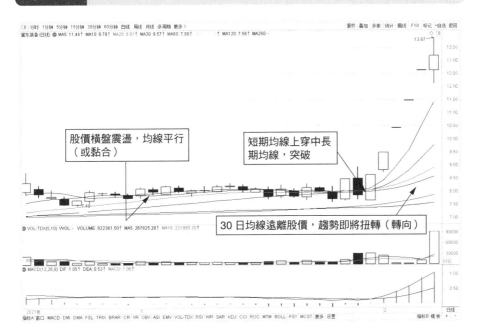

力性、助漲助跌性，以及滯後性。

1. 成本性

均線是將一個時間區間內的每天收盤價統計平均，然後將各平均值連接成線。這條線是客觀存在的市場平均成本，投資者可以根據市場成本，分析研判大盤和個股走勢，引導實際操作和買賣決策。

2. 趨勢性

均線代表市場成本，能反映出股價在一定時間區間內的強弱和運行趨勢，例如：上升趨勢、下降趨勢、橫盤震盪洗盤吸籌趨勢。投資者可以依據均線表現的趨勢，分析大盤和目標股票，引導實際操作和買賣決策。

3. 穩定性

均線的穩定性是一種相對於K線的穩定性。K線每一天都有變化，而均線的變化是多個交易日的平均，變化相對較小，顯示一定的穩定性。這種穩定性既有優點也有缺點，優點是趨勢牽引，缺點是相對滯後。

4. 支撐壓力性

有的觀點認為，均線沒有支撐與壓力作用的特性，因為股價先於均線且牽引均線。但是，若從均線的本質來分析，它應該是具備支撐與壓力作用的特性。

均線代表的是市場成本，包括短期、中期及長期成本。當股價回檔或下跌至任何一個成本區（即某一根均線上方附近）後，會止穩回升或震盪橫盤整理，這就是均線的支撐作用。

至於壓力作用，與支撐作用是同樣的道理，當股價上漲至前期成本區或前期下跌密集成交區（即某一根均線下方附近），會遇到阻力而展開回檔、整理或下跌，這就是均線的壓力作用。

5. 助漲助跌性

　　助漲助跌性與支撐壓力性的原理大致相同。當股價上漲突破前期成本區或前期下跌密集成交區（即某一根均線上方附近），均線呈現多頭排列、黃金交叉或黏合向上發散等型態時，投資者都傾向做多而不做空，均線就展現出助漲的特性。

　　當股價下跌穿破前期成本區或前期上漲密集成交區（即某一根均線下方附近），均線呈現空頭排列、死亡交叉或黏合向下發散等型態時，投資者都傾向做空而不做多，均線就展現出助跌的特性。

6. 滯後性

　　均線的本質是某個時間區間內的平均成本，這決定了均線滯後於股價。這種滯後性在股價反轉（轉向）時表現得更加突出，比如說，股價反轉（或轉向）的幅度已經很大，均線才跟上或是發出扭轉（或轉向）訊號。

　　圖1-3（見下頁）是康華生物（300841）2022年3月10日的K線走勢圖。從K線走勢可以看出，5日均線與10日均線黏合多日後，在2021年12月27日抬頭上翹，次日該股跳空開高，收出一根大陽線，留下向上突破缺口。29日、30日股價強勢調整兩個交易日後，主力機構正式開啟拉升行情。之後，5日均線和10日均線一直發揮支撐和助漲的作用。

　　2022年1月13日，該股開低，收出一根大陰線，收盤跌幅為7.13％，此時5日均線走平還沒扭轉（或調頭），10日均線遠離，股價比均線先調頭向下，顯示均線的滯後性。

　　1月14日起，股價持續下跌，5日均線和10日均線一直壓著股價（K

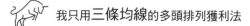

圖1-3 康華生物（300841）2022年3月10日的K線走勢圖

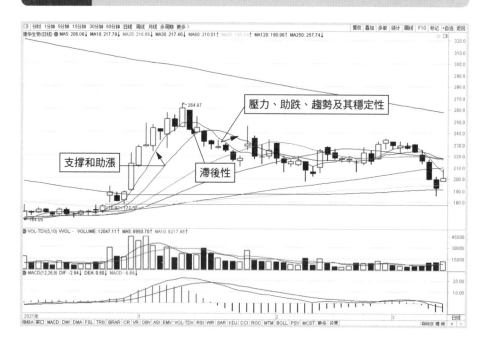

線）下行，均線造成壓力和助跌的作用。股價一路震盪下跌，下跌的趨勢短期內難以改變，顯示均線的趨勢性和穩定性。

1-1-4 具備3大作用：產生支撐與壓力，以及……

　　均線的作用是由均線的本質和技術特性衍生出來，主要作用可以歸納為三個方面，分別是揭示股價發展趨勢、提示當前市場平均成本，以及對股價的支撐（助漲）與壓力（助跌）。

1. 揭示股價發展趨勢

　　均線的主要功能是揭示股價波動的方向，是投資者判斷大盤和個股走向的主要技術指標。根據均線記錄的股價歷史波動平均成本的曲線變化，可以研判股價未來發展趨勢。

　　如果均線呈現黃金交叉、交叉黏合向上發散、多頭排列等型態，則趨勢向上。如果呈現死亡交叉、交叉黏合向下發散、空頭排列等型態，則趨勢向下。如果均線呈現平行或黏合型態，則趨勢為橫盤震盪整理狀態。投資者可以依據短中長期均線表現的趨勢，進行分析研究，引導實際操作和買賣決策。

2. 提示當前市場平均成本

　　均線是某個時間區間內的平均成本。投資者可以依據當前的均線型態，估算和預測未來趨勢可能出現的獲利機會，從而決定是否進場買賣股票。

　　舉例來說，股價經過長期下跌後止跌回升，5日均線向上穿過10日均線形成黃金交叉，然後繼續上行，有很高的機率是獲利機會。另外，股價經過長期下跌、初期上漲，然後展開較長時間的橫盤震盪整理（期間可能還有挖坑打壓股價走勢），股價止跌回升，均線由平行或黏合狀態抬頭上翹（或交叉黏合且向上發散），有很高的機率是獲利機會已經來臨。

　　圖1-4（見下頁）是明德生物（002932）2022年1月14日的K線走勢圖。將K線走勢縮小後可以看出，該股從前期相對高位，即2021年4月29日最高價114.47元震盪下跌，至2021年10月8日最低價60.05元止穩，下跌

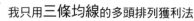 明德生物（002932）2022年1月14日的K線走勢圖

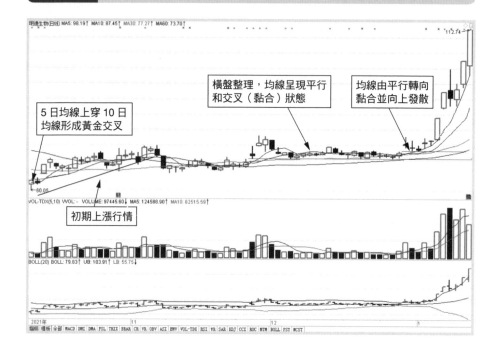

時間不長但跌幅大，在震盪下跌期間，股價有過多次幅度較大的反彈。

在股價止穩後，主力機構開始推升股價、收集籌碼。10月11日，受到股價牽引，5日均線開始調頭向上，次日5日均線向上穿過10日均線形成黃金交叉，收出大陽線漲停板，說明主力機構正在積極推升股價，該股展開初期上漲行情。

11月5日，該股以平盤開出，股價衝高至當日最高價74.75元再回落，收出一根中陰線，展開回檔洗盤吸籌行情，期間30日均線發揮很好的支撐作用。11月25日，5日均線再次向上穿過10日均線形成黃金交叉，

股價開始上行。

12月1日，該股開低，股價回落，展開橫盤震盪洗盤吸籌行情，均線系統呈現平行和黏合型態。12月29日，5日、10日均線與30日均線由黏合狀態開始上翹，並向上發散。12月30日，5日均線向上穿過10日均線形成黃金交叉，當日該股跳空開高，收出一根長上影線大陽線，留下向上跳空突破缺口，收盤漲幅為4.02％。

2021年12月31日、2022年1月4日，股價強勢調整兩個交易日，隨後該股展開一波快速拉升行情。在拉升期間，短中長期均線呈現多頭排列型態，支撐（助漲）股價向上運行。

3. 對股價的支撐（助漲）與壓力（助跌）

對股價的支撐（助漲）與壓力（助跌）作用是指，均線不論是向上平滑移動或是向下平滑移動（平行或黏合平滑移動為中性趨勢），都具有方向性和趨勢性，一旦趨勢成形，就會朝該趨勢方向運行一定時間，等待多空力量對比發生重大變化後，才會出現反轉（轉向）。各個均線代表不同時間區間內的平均成本，不論股價漲跌，均線都會產生支撐（助漲）與壓力（助跌）作用。

舉例來說，股價處於上升趨勢時，均線呈現多頭排列，股價在均線上方運行，這種均線的多頭排列就是多頭的防線，對股價發揮支撐（助漲）作用。相反地，股價處於下跌趨勢時，均線呈現空頭排列，股價在均線下方運行，這種均線的空頭排列就是一種壓力，對股價造成壓制（助跌）的作用。

1-2 掌握 4 個看盤要領，洞悉股價往哪裡走

均線是技術分析中最實用，且運用最廣泛的技術指標之一，具有較強的趨勢性。在一定時間和條件下，由短中長期均線形成的均線型態，代表著一種運行趨勢，且這種趨勢具有一定的延續性。要準確判斷目標股票的運行趨勢，把握進場的最佳買賣點，除了認識均線，還須了解會影響股價運行方向的均線相關因素。

1-2-1 順應均線的「方向」，把握個股的未來動向

順應均線的方向往往可以把握目標股票發展趨勢的方向。基於均線的滯後性，均線方向和股價方向大致相同。由於股價方向牽引均線方向，股價在上漲、下跌和橫盤時，均線也緊隨股價向上、向下和走平。

向上的均線具備支撐作用，向下的均線具有壓制作用，走平的均線也有牽引作用。趨勢的方向具有延續性，投資者在操作過程中，一定要把握大勢，順應均線趨勢的方向。在均線多頭排列、黃金交叉或黏合向上發散時做多，在均線空頭排列、死亡交叉或黏合向下發散時做空，在

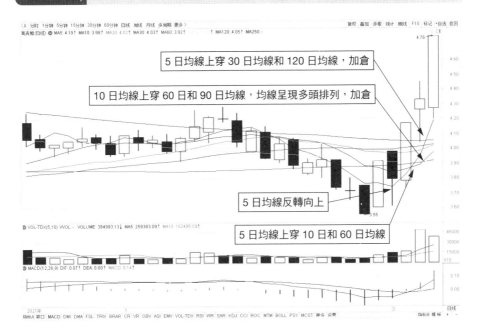

圖1-5　美吉姆（002621）2022年2月10日的K線走勢圖

均線平行、黏合或交叉排列時追蹤觀察，等待均線的突破方向。

　　圖1-5是美吉姆（002621）2022年2月10日的K線走勢圖。從K線走勢可以看出，2月7日，5日均線反轉向上。次日該股收出一個大陽線漲停板，一陽穿七線，均線蛟龍出海型態形成，當日5日均線上穿10日、60日和90日均線，股價的強勢特徵已經顯現，投資者可以在當日或次日進場分批買進籌碼。

　　2月10日，美吉姆再次收出一個大陽線漲停板，當日5日均線上穿30日、120日均線，10日均線上穿60日、90日均線，股價在均線上方運行，

均線呈現多頭排列，股價強勢特徵十分明顯。這時候，投資者可以在當日或次日進場，加倉買進籌碼。

1-2-2 股價與均線的「距離」，反映出什麼數值和意義？

均線距離是指不同均線之間空間的大小。意義同K線（股價）與均線的距離，比如股價遠離均線，有很高的機率即將調整。

均線換句話說就是成本線，均線之間的距離反映出成本的差值（乖離值）。比如5日均線和10日均線之間的距離，就是最近五個交易日和最近十個交易日市場平均成本的差值。

由於長期均線對短期均線具有支撐和吸引作用，如果均線之間的距離過大，短期均線會向長期均線靠攏；如果距離適中，則會延續原有趨勢；如果距離過近（像是纏繞黏合），均線就會慢慢向上或向下發散。

實際操作上，如果股價在上漲過程中，短期均線與中長期均線之間以適中的距離向上移動時，可以繼續持股。在上漲過程中，特別是加速上升階段，如果股價遠離短期均線，就要考慮賣出手中籌碼。如果股價到達頭部反轉向下，均線向下發散，均線的角度和距離相差越來越大（即均線空頭排列）時，切勿盲目進場。

圖1-6是新力金融（600318）2022年1月25日的K線走勢圖。從K線走勢可以看出，2021年10月28日，該股收出一根放量大陽線，突破前高和平台，股價向上突破5日、10日、30日、60日和90日均線（一陽穿五線），20日均線在股價下方向上移動，120日均線在股價上方向上移動，250日均線在股價上方下行，均線蛟龍出海型態形成。

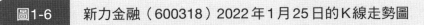

圖1-6　　新力金融（600318）2022年1月25日的K線走勢圖

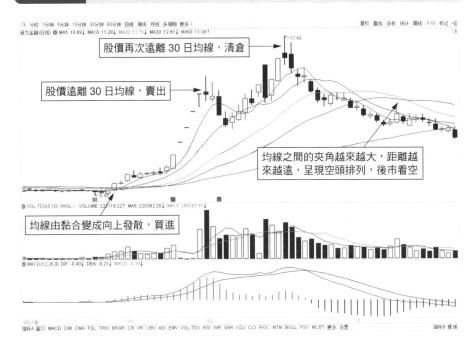

　　當日5日均線向上穿過10日和20日均線形成黃金交叉，10日均線向上穿過20日均線形成黃金交叉，股價強勢特徵顯現，投資者可以在當日或次日進場分批買進籌碼。隨著股價的逐步上行，均線逐漸形成多頭排列，均線之間的夾角越來越大，距離越來越遠。

　　12月1日，股價遠離短期均線展開回檔洗盤行情，投資者可以賣出手中籌碼。12月7日，回檔洗盤到位後，股價依託10日均線繼續上行。12月17日，股價再次遠離短期均線，且當日收出一根放量假陰真陽螺旋槳K線，顯露主力機構已經開始高位出貨。這時候，投資者如果還有籌碼沒

有出完，次日要逢高賣出。

之後5日均線反轉向下穿過10日均線形成死亡交叉，短中長期均線逐步反轉向下呈現空頭排列，均線之間的夾角越來越大，距離越來越遠，股價也呈現逐步下跌的趨勢。

1-2-3 「轉折點」標示行情轉變，
從短期均線展開

均線轉折點（Inflection point）指的是均線的方向出現扭轉、轉向或反轉，使均線原本的運行趨勢和方向改變。反轉處即轉折點，投資者要高度重視，因為均線轉折點是行情轉折的重要關鍵。

均線轉折點一般以短期均線作為參考標準，早期轉折點也是從短期均線開始的，短期均線方向出現扭轉、轉向或反轉後，向前移動與中長期均線發生交叉，此時目標股票趨勢的發展方向開始改變。值得注意的是，運用均線作為個股趨勢方向的研判，一定要關注中長期均線趨勢的方向。

當然，對於個股趨勢發展方向的判斷，需要綜合考慮各種因素，尤其是股價在整個K線走勢中的位置。如果股價處於高位，只要短期均線走平或反轉下行，對於小本投資的散戶來說，還是應該立刻離場，落袋為安。

圖1-7是永貴電器（300351）2021年12月21日的K線走勢圖。從K線走勢可以看出，2021年11月1日，該股收出一根大陽線（收盤漲幅為13.03％），突破前高，成交量較前一交易日放大2倍多，當日股價向上突破30日、60日、90日和250日均線（一陽穿四線），5日、10日、20日

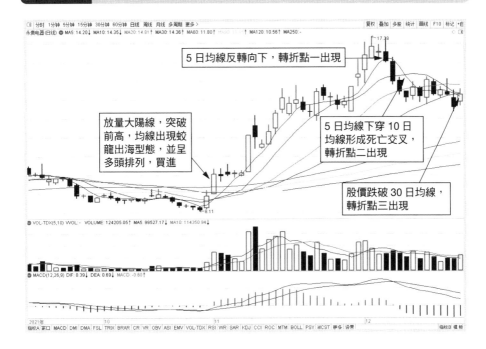

| 圖1-7 | 永貴電器（300351）2021年12月21日的K線走勢圖 |

和120日均線在股價下方向上移動，均線蛟龍出海型態形成。

當日5日均線向上穿過10日、20日和120日均線形成黃金交叉，均線（除250日均線外）呈現多頭排列，股價強勢特徵相當明顯，投資者可以在當日或次日進場分批買進籌碼。之後主力機構依託5日均線逐步向上拉升股價，隨著股價上行，均線之間的夾角越來越大，距離越來越遠。

12月6日，5日均線反轉向下，出現轉折點，投資者可以在當日或次日逢高賣出部分籌碼。12月9日，5日均線下穿10日均線，出現轉折點二，股價弱勢特徵已經非常明顯，投資者可以在當日或次日逢高賣出手

中籌碼。

12月21日，永貴電器開高，收出一根中陽線，成交量較前一交易日略有放大，當日5日、10日均線向下穿過30日均線形成死亡交叉，跌破生命線（30日均線），出現轉折點三，投資者如果還有籌碼沒有出完，次日一定要逢高清倉。

由於均線的滯後性，投資者不一定要完全依據均線轉折點來判斷買賣點，可以綜合K線、成交量、MACD和KDJ等指標，進行分析判斷。如果在12月1日收出放量螺旋樂陽K線，12月3日收出縮量假陽真陰高位十字星，投資者可以在當日或次日賣出手中籌碼，確保利潤最大化。

1-2-4 透過均線的「交叉黏合」，觀察並篩選強勢股

均線交叉黏合指的是股價經過較長時間的下跌後止跌回升、或是股價經過較長時間的橫盤震盪整理走勢後，中長期均線逐漸走平，短期均線圍繞中長期均線上下穿行、交叉黏合。這種交叉黏合大多出現在股價止跌築底、橫盤震盪洗盤調整，以及高位築頂期間，是個股走勢即將變盤的訊號。

均線交叉黏合，意味著股價在止跌築底、橫盤震盪洗盤調整或是頭部築頂期間，籌碼進行徹底的大量轉換，且持籌者的平均成本大致相同，股價一旦選擇突破方向，行情展開的速度和力道十分驚人。

實際操作中，投資者可以透過均線交叉黏合型態，追蹤篩選強勢股，即透過瀏覽個股均線走勢，找出股價處於低位或相對低位、橫盤震盪整理時間較長、中長期均線走平、短期均線圍繞中長期均線上下穿行

> **圖1-8** 安凱客車（000868）2022年3月14日的K線走勢圖

交叉黏合的個股，放入自選股追蹤觀察，等待均線交叉黏合向上發散、呈現多頭排列，且成交量放大時，擇機進場買進籌碼、積極做多。

另外，最好選擇均線交叉黏合向上發散時，主力機構拉出大陽線或漲停板，或跳空開高走高的目標股票跟進。

圖1-8是安凱客車（000868）2022年3月14日的K線走勢圖。從K線走勢可以看出，這是相對低位均線黏合向上發散型態。該股呈現橫盤震盪洗盤吸籌的態勢，期間中長期均線（60日、90日、120日、250日）大致走平，短期均線（5日、10日、20日、30日）圍繞中長期均線上下穿行交

叉黏合。

3月14日，該股開高，收出一個大陽線漲停板，突破前高，成交量較前一交易日放大3倍多，形成大陽線漲停K線型態。當日5日均線上穿250日和10日均線形成黃金交叉，20日均線上穿250日均線形成黃金交叉，30日均線上穿60日均線形成黃金交叉，90和120日均線已經抬頭上翹，短中長期均線呈現多頭排列。

此時MACD、KDJ等技術指標走強，股價強勢特徵相當明顯。對於這種情況，投資者可以在當日或次日進場加倉買進籌碼。

PART 1 重點整理

☑ 移動平均線（簡稱均線）有 5 個主要涵義：

(1) 均線實際上是持股成本，可說是市場的成本趨勢。

(2) 並非均線改變股價運行方向，而是股價方向的改變會牽引均線的移動。

(3) 單條均線沒有重大的意義，三條以上均線之間的交叉黏合或發散才是重點。

(4) 當數條均線之間距離收窄、交叉黏合，說明市場成本趨於一致，一旦產生向上或向下趨勢，會延續很長時間。

(5) 均線與其他技術指標一樣，是在反映過去價格走勢，滯後性是缺陷。

☑ 均線與股價的 3 種關係：互相牽引、互相制約、互相確認。

☑ 均線的 6 大技術特性：成本性、趨勢性、穩定性、支撐壓力性、助漲助跌性，以及滯後性。

☑ 均線有 3 大作用：揭示股價發展趨勢、提示當前市場平均成本、對股價的支撐（助漲）與壓力（助跌）。

☑ 影響股價運行方向的均線 4 大因素：
均線方向、均線距離、均線轉折點、
均線交叉黏合。

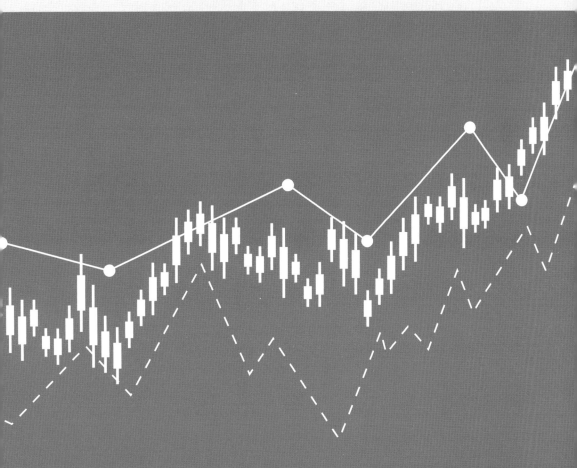

PART 2

熟悉均線型態和葛蘭碧法則，判斷股價強弱、抓買賣點

2-1 善用強勢均線型態，是高手快速獲利的模式

這裡的均線分類，是以平時操作過程中常用且常見的均線指標為標準，投資者可以自行在看盤軟體中設置各類均線指標。

2-1-1 根據計算週期，均線分成短期、中期、長期

按照計算的週期，把均線分為三大類：短期、中期、長期均線。

1. 短期均線

按照市場普遍常用的均線分類，一般會把5日、10日、20日和30日均線列為短期均線（有的人會把3日均線列為短期均線），特點是穩定性一般，有一定的滯後性，主要用於掌握市場行情，預測股價的短期變化趨勢，指導短線操作。

2. 中期均線

一般會把60日、90日均線列為中期均線（有的人會把45日均線列為中期均線），特點是穩定性較好，但滯後性較強，主要用於預測股價的

中期變化趨勢，指導中線操作。

3. 長期均線

　　一般會把120日、250日均線列為長期均線，特點是非常穩定，但極具滯後性，主要用於把握大勢，預測股價的中長期變化發展趨勢。

　　圖2-1是貴航股份（600523）2021年12月31日的K線走勢圖，圖中5日、10日、20日、30日、60日、90日、120日、250日短中長期均線呈現多頭排列，屬於強勢均線型態。

| 圖2-1 | 貴航股份（600523）2021年12月31日的K線走勢圖 |

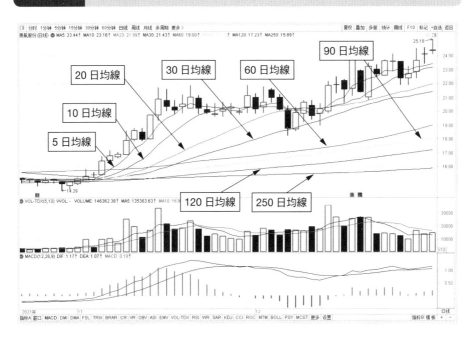

🎚 2-1-2 多頭、空頭、交叉等型態，揭示股價漲跌或盤整

實際操作中，使用三條以上的均線來研判大勢或確定個股買賣點位，肯定比使用一條或兩條均線還要準確。這涉及到均線的排列關係，不同的均線排列關係會形成不一樣的均線排列型態，不同的均線排列型態寓意也有所差別，蘊藏個股後市走勢不同的發展方向和趨勢，且這種趨勢會延續較長時間。

市場沒有一成不變的均線排列型態，隨著股價的漲跌，均線排列型態也必然發生改變。我們主要分析四種基本的均線排列型態：多頭排列型態、空頭排列型態、平行（黏合）排列型態，以及交叉排列型態。

1. 多頭排列型態

均線的多頭排列型態是由三條以上均線組成，股價在均線上方運行，均線由近到遠排列的順序為短期均線、中期均線和長期均線。這種排列揭示股價正處於上漲趨勢，是一種積極做多的訊號，這種趨勢將會持續一定時間，後市繼續看漲。

由於均線的滯後性，投資者可以在均線形成多頭排列型態的初期，積極進場買進籌碼，跟進後要注意盯盤，觀察K線、均線、成交量和其他技術指標的變化，等待出現頭部特徵時，立刻賣出。

圖2-2是雲南能投（002053）2022年3月18日的K線走勢圖。從K線走勢可以看出，股價在均線上方運行，依次是5日、10日、20日、30日、60日、90日、120日和250日短中長期均線，由近到遠向上呈現多頭排列，發揮支撐（助漲）作用，股價強勢特徵相當明顯，並且正在快速上漲。

| 圖2-2 | 雲南能投（002053）2022年3月18日的K線走勢圖 |

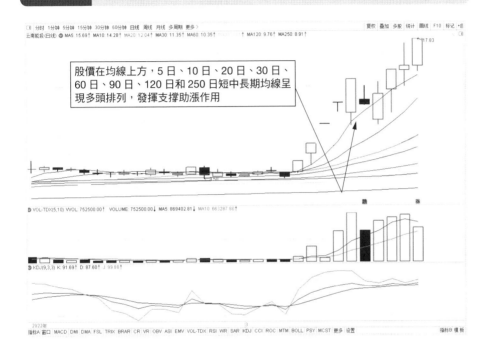

股價在均線上方，5日、10日、20日、30日、60日、90日、120日和250日短中長期均線呈現多頭排列，發揮支撐助漲作用

2. 空頭排列型態

　　均線的空頭排列型態是由三條以上均線組成，股價在均線下方運行，均線由近到遠排列的順序為短期均線、中期均線和長期均線。這種排列說明股價處於下跌趨勢，是一種做空訊號，一旦下跌趨勢成形，將會持續一定時間，後市看跌。

　　由於均線的滯後性，投資者可以在短期均線反轉向下、空頭排列型態形成的初期及時賣出手中籌碼，謹慎看空做空。

　　圖2-3（見下頁）是福耀玻璃（600660）2022年3月18日的K線走勢

圖2-3 福耀玻璃（600660）2022年3月18日的K線走勢圖

> 股價在均線下方運行，5日、10日、20日、30日、60日、90日、120日和250日均線，呈現空頭排列，發揮壓力助跌作用

圖。從K線走勢可以看出，股價在均線下方運行，依次是5日、10日、20日、30日、60日、90日、120日和250日短中長期均線，由近到遠向下呈現空頭排列，發揮壓力作用，股價弱勢特徵十分明顯，並且持續下跌。

3. 平行（黏合）排列型態

均線平行（黏合）排列型態是由三條以上的均線組成，中長期均線大致走平，短期均線圍繞中長期均線上下穿行或纏繞黏合而形成。這種排列說明股價處於橫盤震盪整理，正在尋找突破方向。

圖2-4 龍淨環保（600388）2022年2月25日的K線走勢圖

　　均線平行（黏合）的時間越長，變盤後上漲或下跌的空間就越大。按照均線平行（黏合）排列型態出現的位置不同，一般分為低位平行（黏合）排列型態和高位平行（黏合）排列型態。投資者要多關注和分析均線低位平行（黏合）排列型態的方向選擇，謹慎對待均線高位平行（黏合）排列型態的方向選擇。

　　圖2-4是龍淨環保（600388）2022年2月25日的K線走勢圖。從K線走勢可以看出，這是低位均線平行（黏合）排列型態。此時該股走勢呈現橫盤震盪洗盤吸籌狀態（股價已選擇向上突破方向）。

在這期間長期均線（120日、250日均線）大致走平，短中期均線（5日、10日、20日、30日、60日和90日均線）圍繞長期均線上下穿行或纏繞黏合。

4. 交叉排列型態

均線交叉排列型態是由三條以上的均線組成，當短期均線向上或向下穿過中長期均線時形成。這種排列說明股價已經確定發展方向和趨勢。

均線交叉排列有兩種型態：黃金交叉和死亡交叉。黃金交叉是由短期均線向上穿過中長期均線，且均線向上運行形成，預示股價上升趨勢基本成型，是投資者進場買進籌碼的時機。死亡交叉是由短期均線向下穿過中長期均線，且均線向下運行形成，預示股價下跌趨勢基本成型，是投資者賣出籌碼的時機。

當然，由於均線的滯後性，投資者可以在短期均線走平，或反轉向上（下）形成黃金交叉（死亡交叉）的初期，及時買進（賣出）手中籌碼。

圖2-5是亞太藥業（002370）2021年12月27日的K線走勢圖。從K線走勢可以看出，此時該股處於主力機構挖坑洗盤吸籌、股價止跌回升趨勢中。12月21日，5日均線向上穿過10日均線形成黃金交叉。2月23日，5日均線向上穿過20日均線形成黃金交叉。2月24日，10日均線向上穿過20日均線形成黃金交叉，且均線銀山谷型態形成。

12月27日，亞太藥業開低收出一根大陽線（收盤漲幅為5.44%），成交量較前一交易日放大2倍多，5日均線向上穿過30日均線形成黃金交叉。

圖2-5	亞太藥業（002370）2021年12月27日的K線走勢圖

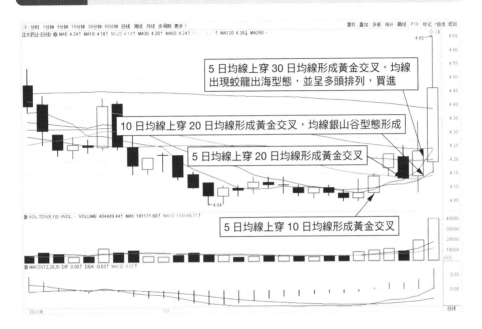

當日股價向上突破5日、30日、60日、90日和120日均線（一陽穿五線），10日和20日均線在股價下方向上移動，均線蛟龍出海型態形成。此時均線呈現多頭排列，MACD、KDJ等技術指標已經走強，股價強勢特徵相當明顯。對於這種情況，投資者可以在當日或次日跟莊進場買進籌碼。

2-1-3 跟莊操作時，搭配 K 線、成交量等能提高勝率

所有技術指標包括均線、MACD、KDJ等，都是根據已有價格計算得出，皆有滯後性的缺陷。均線是技術分析的基礎，也是重要的技術指標，但投資者在研判大盤或個股走勢時，不能光憑均線判斷，尤其是操作買賣股票時，一定要綜合大盤走勢、基本面、政策面、消息面、K線、成交量及其他技術指標進行分析，再做出買賣決策。

這裡簡單敘述均線的基本使用方法，舉例來說，當收盤價（K線）突破均線且站在均線上時買進，下穿均線且站在均線下時賣出。均線由下行反轉向上時買進，由上行反轉向下時賣出。均線由黏合向上發散時買進，由黏合向下發散時賣出。均線出現黃金交叉時買進，出現死亡交叉時賣出……。

圖2-6是寶馨科技（002514）2022年6月8日收盤時的K線走勢圖。在看盤軟體上將K線走勢縮小後可以看出，此時該股處於上升趨勢。股價從前期相對高位，即2019年4月18日最高價8.14元，一路震盪下跌，至2021年2月4日最低價3.20元止穩，下跌時間長、跌幅大，期間有過多次幅度較大的反彈。

股價止穩後，主力機構快速推升股價、收集籌碼，然後該股展開大幅震盪盤升行情，主力機構低買高賣賺取價差，獲利與洗盤吸籌並舉，折磨投資者的耐心，期間成交量呈現間斷性放大的狀態。

12月20日，該股開高，股價衝高回落，收出一根螺旋槳陰K線，主力機構展開初期上漲後的回檔（挖坑）洗盤吸籌行情。

2022年4月27日，該股開低，收出一根長下影線中陽線，當日股價最

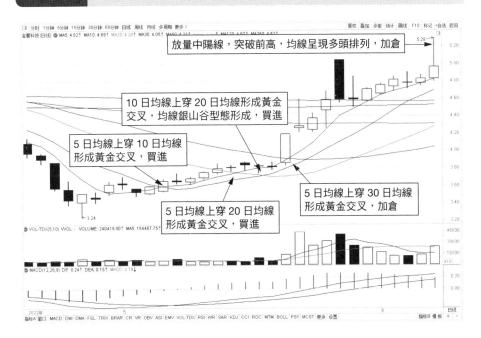

圖2-6　寶馨科技（002514）2022年6月8日的K線走勢圖

低探至3.24元止跌回升，回檔（挖坑）洗盤行情結束。此時投資者可以考慮進場逢低分批買進籌碼。從該股均線型態來看，5月10日，5日均線向上穿過10日均線形成黃金交叉，股價站上5日、10日均線，投資者可以進場買進籌碼。

　　5月17日，5日均線向上穿過20日均線形成黃金交叉，股價站上20日均線，投資者可以在當日或次日進場買進籌碼。5月19日，10日均線向上穿過20日均線形成黃金交叉，股價站上20日均線，均線銀山谷型態形成，投資者可以在當日或次日進場買進籌碼。

5月23日，該股開高，收出一個大陽線漲停板，突破前高，成交量較前一交易日放大2倍多，形成大陽線漲停K線型態。當日5日均線向上穿過30日均線形成黃金交叉，30日均線即將走平，股價站上30日均線，短期均線形成多頭排列。

此時，MACD、KDJ等技術指標開始走強，股價強勢特徵已經顯現。這時候，投資者可以在當日或次日進場加倉買進籌碼。之後主力機構穩步推升股價。

6月8日，寶馨科技以平盤開出，收出一根長上影線中陽線，突破前高，成交量較前一交易日放大近2倍。此時，均線呈現多頭排列，MACD、KDJ等技術指標走強，股價強勢特徵相當明顯，後市股價持續快速上漲機率大。這時候，投資者可以在當日或次日進場逢低加倉買進籌碼。

圖2-7是寶馨科技（002514）2022年7月28日收盤時的K線走勢圖。從K線走勢可以看出，6月8日該股收出一根放量長上影線中陽線，突破前高，均線呈現多頭排列，股價的強勢特徵已經顯現。之後，主力機構展開一波大幅拉升行情。

從拉升情況來看，主力機構基本依託5日均線向上拉升股價，期間有三次強勢回檔洗盤，股價回檔跌破10日均線很快收回，其他小調整大多都是盤中洗盤。在股價上漲過程中，10日均線發揮較強的支撐和助漲作用。

從K線來分析，7月19日，該股大幅跳空開低（向下跳空−4％開盤），收出一根螺旋槳陰K線（高位或相對高位的螺旋槳K線又稱變盤線、轉勢線），成交量較前一交易日略有萎縮。

從當日分時來看，早盤大幅開低後，股價展開橫盤震盪走勢，下午

| 圖2-7 | 寶馨科技（002514）2022年7月28日的K線走勢圖 |

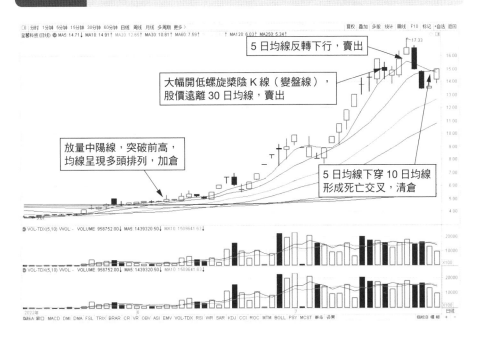

多次跌停且跌停的時間長，尾盤有所拉高，顯露主力機構利用開低後橫盤震盪、跌停打壓或是尾盤拉高等操盤手法，引誘跟風盤進場並大量出貨的意圖。

此時，股價遠離30日均線且漲幅大，KDJ等部分技術指標開始走弱，盤面弱勢特徵已經顯現。對於這種情況，投資者如果還有籌碼沒有出完，次日應該逢高賣出。

從均線來分析，7月22日，5日均線反轉下行，投資者應該在當日或次日賣出手中籌碼。K線與均線的分析對比後可以看出，均線的滯後性

缺陷較突出。

　　7月28日，寶馨科技大幅開高，收出一個大陽線漲停板，成交量較前一交易日萎縮，此時5日均線向下穿過10日均線形成死亡交叉。因為股價已經處於高位，投資者如果還有籌碼沒有出完，應該在次日逢高清倉。

　　由於均線的滯後性，投資者分析買賣點時，需要注意這兩個重點。一是要綜合K線型態、成交量和其他各項技術指標全面判斷，二是在確定買點時，可以側重均線、成交量的運用，在確定賣點時可以側重K線、成交量的運用，均線則作為參考。

2-2 根據葛蘭碧 8 大法則，捕捉進出場訊號

1960年代，美國著名投資家葛蘭碧（Joseph E.Granville）提出均線交易八大法則，其中前四項為買進法則，後四項為賣出法則，準確度較高，值得投資者學習參考。但在實際操作中，我們必須根據股市特性，像是政策面、基本面、消息面、技術面及目標股票盤面的實際變化，來把握目標股票的買賣點和發展趨勢，千萬不可硬套。

2-2-1 如何用 4 大買進法則，及時跟莊進場或加倉？

葛蘭碧均線四大買進法則如下：

1.均線從下降逐漸走平轉為上升，而股價從均線下方向上突破均線時，是買進訊號。

在實際操作中運用這條法則時，股價正在開始蓄勢突破。5日均線由走平到反轉上穿10日均線，形成黃金交叉，股價站上5日或10日均線，其他均線逐漸走平或反轉向上，呈現多頭排列，向上突破確立。這時投資

者可以進場買進或加倉買進籌碼,積極做多。

2. 股價在均線之上運行,回檔時未跌破均線,之後再度上升時是進場買進時機。

在實際操作中運用這條法則時,股價已處於上升趨勢。主力機構為了清洗獲利盤,開始強勢調整洗盤,由於均線的支撐作用,股價沒有跌破均線,5日均線與10日均線交叉糾纏,洗盤行情結束,股價突破盤整區,5日、10日、30日均線再次呈現多頭排列。這時投資者可以進場加倉買進籌碼。

3. 股價在均線之上運行,回檔時跌破均線,但不久後短期均線反轉向上穿過長期均線,形成黃金交叉,此時是進場買進時機。

在實際操作中運用這條法則時,股價仍處於上升趨勢,主力機構開始較大幅度的回檔洗盤,股價跌破5日或10日均線,甚至下穿30日均線但馬上拉回,30日均線仍向上移動,這是主力機構為了清洗獲利盤而進行的深度回檔,或可說是一種趨勢背離。只要30日均線向上運行,投資者就可以進場適當買進籌碼。

4. 股價在均線之下運行,股價突然暴跌,遠離均線。此時股價極有可能向均線靠攏,產生一波強勁的反彈,短期均線反轉向上時,是進場買進時機。

在實際操作中運用這條法則時,股價通常處於急速下跌。股價在5日、10日均線之下運行,恐慌性拋盤較多,成交量放大,且下跌幅度較深,乖離率增大,此時是激進投資者搶反彈的大好時機。這種情況屬於乖離反彈,由於大勢已去,不能過度追高,要適可而止。

圖2-8是長春一東(600148)2021年12月17日的K線走勢圖。由於找

圖2-8 長春一東（600148）2021年12月17日的K線走勢圖

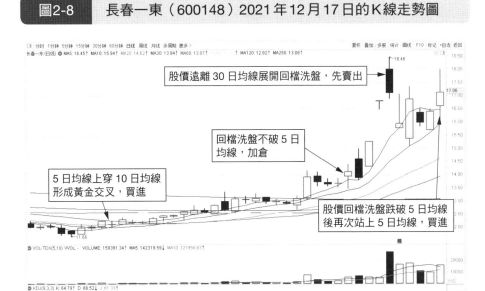

不到更具代表性的個股K線走勢圖，接下來以此圖對葛蘭碧均線四大買進法則的運用，進行實戰分析。

2021年11月3日，5日均線上穿10日均線形成黃金交叉。11月4日，5日均線上穿20日均線形成黃金交叉。11月5日，5日均線上穿30日均線形成黃金交叉，30日均線走平。

11月10日，10日均線上穿20日、30日均線形成黃金交叉，均線銀山谷型態形成，此時短期均線又呈現多頭排列，向上突破走勢確立。這時候，投資者可以進場逢低分批買進籌碼。

12月1日，該股開高，股價回落，收出一根小螺旋槳陰K線，成交量較前一交易日大幅萎縮，展開強勢調整洗盤行情，調整沒有跌破5日均線。12月6日，股價站上5日均線，此時5日、10日、30日、60日、90日和120日均線呈現多頭排列。投資者可以進場加倉買進籌碼。

12月10日，該股大幅跳空開高（向上跳空7.27％開盤），收出一根假陰真陽螺旋槳K線，成交量較前一交易日放大5倍多。此時，股價遠離30日均線，該股展開深幅回檔洗盤行情，回檔洗盤跌破5日均線。

12月17日，長春一東開高，收出一根大陽線，成交量較前一交易日大幅放大，股價站上5日均線，回檔洗盤行情結束。此時，均線呈現多頭排列，MACD、KDJ等技術指標走強，股價強勢特徵相當明顯。這時候，投資者可以在當日或次日進場適當買進籌碼。

2-2-2 如何用4大賣出法則，發現盤面弱勢特徵？

葛蘭碧均線四大賣出法則如下：

1.均線從向上移動到逐漸走平再到開始下行，而股價從均線上方往下跌破均線時，是賣出訊號。

在實際操作中運用這條法則時，股價處於上漲行情的末期或下跌行情的初期。股價由上向下跌破5日、10日均線，且5日均線下穿10日均線形成死亡交叉，30日移動平均線向上移動有走平跡象，此時下跌趨勢大致形成，投資者應立即賣出手中籌碼。其實在實際操作中，股價遠離30日均線或5日均線開始走平時，就可以逐步減倉。

2.股價在均線下方運行，然後反彈至均線附近，但未突破均線即受

阻回落，是賣出訊號。

在實際操作中運用這條法則時，股價處於下跌行情中。股價經過快速下跌後反彈，無力突破10日均線的壓力或突破後無功而返，屬於受到均線壓制、反彈受阻，股價將繼續下跌，還有籌碼沒賣出的投資者應該立即清倉。

3.股價反彈突破均線，但不久又跌回均線下，此時均線仍向下運行，是賣出訊號。

在實際操作中運用這條法則時，股價處於下跌行情中。股價先後跌破5日、10日均線甚至跌破30日均線，然後股價依託30日均線展開反彈，突破10日均線後無功而返，屬於趨勢背離現象，股價將繼續下跌，跌幅會更深。此時投資者如果還有籌碼沒及時賣出，可能就會被套牢。

4.股價反彈後遠離均線展開整理行情，而均線卻繼續向下移動，是賣出訊號。

在實際操作中運用這條法則時，股價仍處於下跌行情中。由於反彈沒有成果，股價下跌一定幅度後展開整理行情，屬於趨勢背離現象，在整理之後，股價將繼續下跌。整理期間仍屬於賣出時機，但此時股價基本上回到原點，也就是出發時的位置。

圖2-9（見下頁）是長春一東（600148）2022年1月25日的K線走勢圖。以此圖對葛蘭碧均線四大賣出法則的運用，進行實戰分析。

2021年12月23日，該股開低，收出一根大陰線，成交量較前一交易日萎縮，股價跌破5日均線且收在5日均線下方，5日均線反轉向下，下跌趨勢初步成形，投資者要賣出手中籌碼。12月31日，該股開低，收出一根中陰線，成交量較前一交易日萎縮，股價反彈無果受阻回落，5日、10

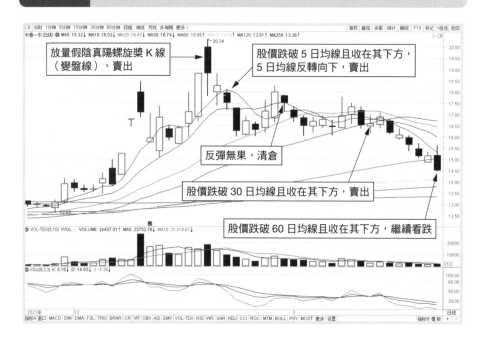

圖2-9　長春一東（600148）2022年1月25日的K線走勢圖

日均線反轉向下，投資者應該清倉離場。

2022年1月12日，該股開高，收出一根中陽線，成交量較前一交易日萎縮，股價突破且站上30日均線。1月14日，股價跌破30日均線且收在30日均線下方，反彈又一次無功而返，後市看跌。

1月25日，長春一東開高，收出一根大陰線，成交量較前一交易日放大，股價跌破60日均線且收在60日均線下方。此時，均線呈現空頭排列，MACD、KDJ等技術指標相當弱勢，盤面弱勢特徵十分明顯，後市繼續看跌。

PART2 重點整理

☑ 按照計算週期，可以把移動平均線（簡稱均線）分為 3 大類：短期、中期、長期均線。

☑ 均線的 4 種排列型態：多頭排列型態、空頭排列型態、平行（黏合）排列型態、交叉排列型態。

☑ 葛蘭碧均線 8 大法則，分為 4 大買進法則和 4 大賣出法則。

☑ 葛蘭碧均線 4 大買進法則：

（1）均線從下降逐漸走平轉為上升，而股價從均線下方向上突破均線時，是買進訊號。

（2）股價在均線之上運行，回檔時未跌破均線，之後再度上升時，是買進時機。

（3）股價在均線之上運行，回檔時跌破均線，但之後短期均線反轉向上穿過長期均線，形成黃金交叉，此時是買進時機。

（4）股價在均線之下運行，股價突然暴跌，遠離均線。此時股價極有可能向均線靠攏，產生一波強勁的反彈，短期均線反轉向上時，是買進時機。

☑ 葛蘭碧均線 4 大賣出法則：

（1）均線從向上移動到逐漸走平再到開始下行，而股價從均線上方往下跌破均線時，是賣出訊號。

（2）股價在均線下方運行，然後反彈至均線附近，但未突破均

線即受阻回落，是賣出訊號。

（3）股價反彈突破均線，但不久又跌回均線下，此時均線仍向下運行，是賣出訊號。

（4）股價反彈後遠離均線展開整理行情，而均線卻繼續向下移動，是賣出訊號。

PART 3

活用短、中、長期的 8 條均線，擒獲領漲黑馬股

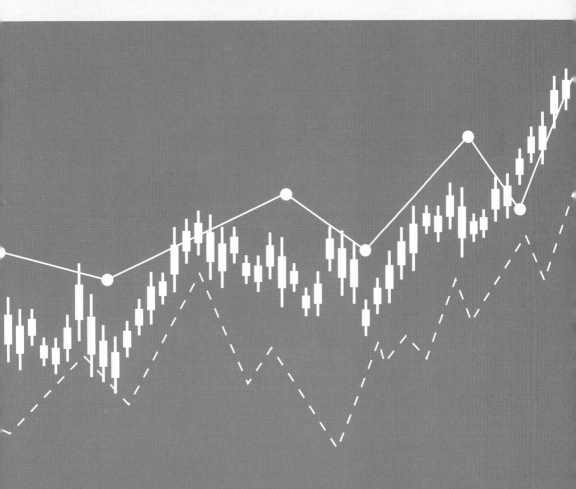

3-1 這 4 條短期均線，敏銳反映近期股價動態

本章所謂的常用均線，指的是看盤軟體自動生成的均線，也是絕大多數投資者在實戰操作時使用的均線。投資者也可以根據自己需求調整指標參數，設置自己喜歡的均線系統。常用的短期均線有5日、10日、20日、30日均線，基本的實戰運用如下。

3-1-1 【5日均線】別名攻擊線，是你短線交易的利器

5日均線也稱攻擊線，是一週交易的平均價格，也是短線操盤分析判斷的依據，只要股價站在5日均線上方，不跌破5日均線，並呈現向上移動的趨勢，就說明股價仍處於強勢狀態，短期內將看漲。

如果股價遠離5日均線，就是5日乖離率太大，是短線賣出的時機。如果5日均線走平，個股應該處於橫盤震盪整理狀態，等待選擇突破方向，但投資者要小心高位的橫盤震盪整理。如果股價跌破5日均線，並站在5日均線下方，且調頭向下移動，則短線看空。

圖3-1是沃華醫藥（002107）2021年12月20日的K線走勢圖。在看盤

| 圖3-1 | 沃華醫藥（002107）2021 年12 月20 日的K 線走勢圖 |

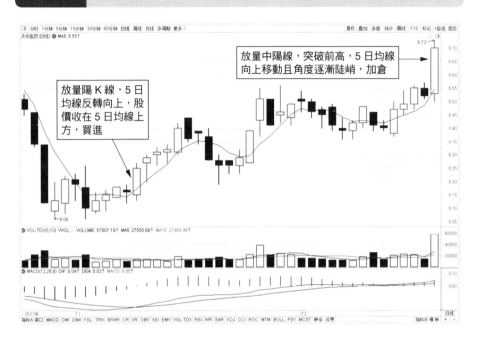

軟體上將整個K線走勢縮小後可以看出，此時個股處於高位下跌後的反彈趨勢。股價從前期相對高位，即2020年5月21日最高價15.20元震盪下跌，至2021年10月28日最低價6.06元止穩，下跌時間長且跌幅大，期間有過多次幅度較大的反彈。

股價止穩後，主力機構開始推升股價、收集籌碼。11月9日，該股收出一根陽K線，突破前高，成交量較前一交易日明顯放大，股價牽引5日均線反轉向上，股價收在5日均線上方。投資者可以在當日或次日，進場逢低分批買進籌碼。

12月20日，沃華醫藥開高，收出一根中陽線，突破前高，成交量較前一交易日放大近4倍。此時，5日均線角度開始由平緩向上移動，逐漸陡峭向上移動。此時，短期均線呈現多頭排列，MACD、KDJ等技術指標走強，股價強勢特徵已經顯現。面對這種情況，投資者可以在當日或次日進場加倉買進籌碼。

圖3-2是沃華醫藥（002107）2022年3月8日的K線走勢圖。從K線走勢可以看出，2021年12月20日，該股收出一根放量中陽線，突破前高，5日均線向上移動角度逐漸陡峭，股價強勢特徵已經顯現。之後主力機構穩步推升股價。

從該股的上漲走勢來看，主力機構依託5日均線快速拉升股價，期間調整洗盤時，股價偶爾向下跌破5日均線，但很快收回。12月31日起，主力機構加速拉升股價，拉出兩個漲停板（其中一個一字漲停板、一個T字漲停板），整個上漲走勢比較順暢，漲幅較大。

2022年1月6日，該股開低，股價衝高回落，收出一根螺旋槳陽K線（高位或相對高位的螺旋槳K線又稱變盤線、轉勢線），成交量較前一交易日明顯放大，股價遠離5日均線且漲幅較大。由於均線的滯後性，投資者可以不等5日均線反轉向下，就在當日或次日逢高賣出手中籌碼。

1月11日，該股開低，收出一根大陽線，成交量較前一交易日放大，但股價反彈沒有突破5日均線，收盤收在5日均線下方，當日5日均線反轉下行。這時候，投資者如果還有籌碼沒有出完，次日要逢高賣出。此後，5日均線一直壓著股價下行，發揮壓力和助跌作用。

2月7日，該股開高，收出一根假陰真陽小K線，收盤收在5日均線上方，5日均線反轉向上移動，股價開始反彈。

3月8日，沃華醫藥大幅向下跳空開低，收出一根大陰線（收盤跌幅

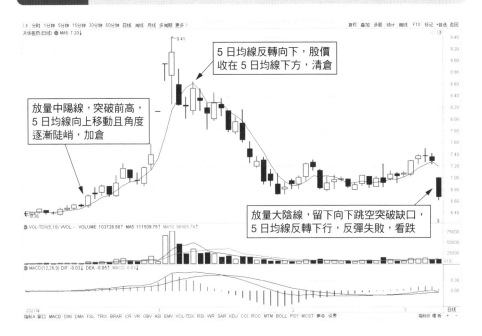

圖3-2　沃華醫藥（002107）2022年3月8日的K線走勢圖

> 5 日均線反轉向下，股價收在 5 日均線下方，清倉

> 放量中陽線，突破前高，5 日均線向上移動且角度逐漸陡峭，加倉

> 放量大陰線，留下向下跳空突破缺口，5 日均線反轉下行，反彈失敗，看跌

8.38％），成交量較前一交易日放大，留下向下跳空突破缺口，盤面弱勢特徵非常明顯，後市看跌。

3-1-2 【10 日均線】又稱操盤線，掌握個股 2 週走勢必看

　　10日均線又稱半月線、行情線和操盤線，是連續兩週交易的平均價格，也是把握股價在十個交易日內走勢變化的重要參考線。10日均線較5

日均線起伏小且平滑，多數投資者常以10日均線作為短線進出的依據。只要股價不跌破10日均線，股價就處於強勢狀態。

如果10日均線上漲角度陡峭有力，說明上漲力道大。如果股價圍繞10日均線上漲或下跌，個股應該處於橫盤震盪整理狀態，等待選擇突破方向，但要小心高位的橫盤震盪整理走勢。如果股價跌破10日均線，收在10日均線下方，且10日均線掉頭向下，則短線看空。

圖3-3是鋒尚文化（300860）2021年12月9日的K線走勢圖。將整個K線走勢縮小後可以看出，此時該股整體走勢處於高位下跌後的反彈趨勢。股價從前期相對高位，即2021年4月2日的最高價140.63元除權除息後（4月6日收盤價為70.33元）一路走低，至2021年10月28日最低價38元止穩，下跌時間較長且跌幅大。

股價止穩後，主力機構快速推升股價、收集籌碼，該股展開初期上漲行情，股價牽引10日均線逐漸走平。11月4日，該股開低，收出一根中陽線，成交量較前一交易日明顯放大，當日5日均線反轉向上穿過10日均線形成黃金交叉，股價完全站上5日和10日均線。此時，投資者可以進場逢低分批買進籌碼。

11月16日，該股開低，股價衝高回落，收出一根長上影線中陰線，展開回檔洗盤行情。此時5日均線反轉下行，之後向下穿過10日均線，呈現交叉黏合狀態，股價呈現震盪整理的走勢，期間5日均線與10日均線有過三次交叉黏合。作為攻擊線的5日均線表現比較敏感，作為操盤線的10日均線較為平緩。回檔洗盤開始後，投資者可以先賣出手中籌碼，等待股價調整到位後再買回。

12月8日，該股開高，收出一根中陽線（漲幅6.82％，收盤收在5日和10日均線上方），突破前高，成交量較前一交易日放大2倍多，當日5

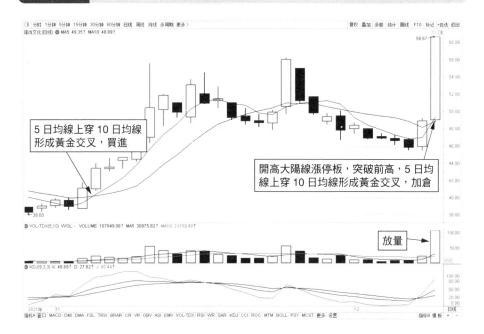

圖3-3　鋒尚文化（300860）2021年12月9日的K線走勢圖

5 日均線上穿 10 日均線
形成黃金交叉，買進

開高大陽線漲停板，突破前高，5 日均
線上穿 10 日均線形成黃金交叉，加倉

放量

日均線和10日均線同時反轉向上移動，投資者可以在當日或次日進場加倉買進籌碼。

　　12月9日，鋒尚文化開高，收出一個大陽線漲停板（漲停原因為「元宇宙＋虛擬實境＋文化傳媒」概念炒作），突破前高，成交量較前一交易日萎縮，形成大陽線漲停K線型態，當日5日均線向上穿過10日均線形成黃金交叉，此時短中期均線呈現多頭排列，股價的強勢特徵相當明顯。面對這種情況，投資者可以在當日搶漲停板，或在次日尋機加倉買進籌碼。

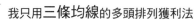

圖3-4　鋒尚文化（300860）2022年1月19日的K線走勢圖

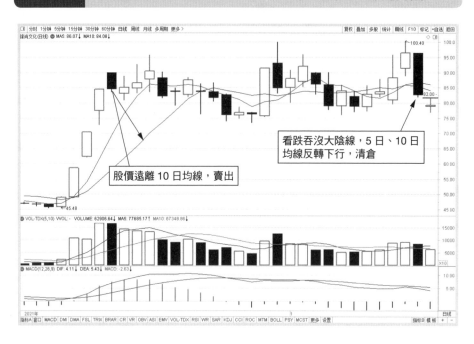

圖3-4是鋒尚文化（300860）2022年1月19日的K線走勢圖。從K線走勢可以看出，12月9日，該股開高收出一個大陽線漲停板，突破前高，形成大陽線漲停K線型態，當日5日均線向上穿過10日均線形成黃金交叉，股價強勢特徵已經顯現。之後主力機構快速拉升股價。

從拉升情況來看，主力機構依託5日均線，採取急速拉升的操盤手法，連續大幅跳空開高，收出兩個大陽線漲停板，漲幅達40％，加上12月9日拉出的一個大陽線漲停板，上漲的幅度相當大。

12月14日，該股大幅開高（向上跳空6.53％開盤），股價回落，收

出一根陰K線，成交量與前一交易日大致持平，股價遠離10日均線且漲幅較大。此時，KDJ等部分技術指標開始走弱。由於均線的滯後性，投資者可以不等5日均線反轉向下，就在當日或次日逢高賣出手中籌碼。

之後，該股展開高位橫盤震盪整理行情（主力機構以震盪整理方式掩護出貨），5日和10日均線圍繞股價上下穿行，期間5日均線與10日均線產生四次交叉黏合，K線型態大多為帶上下影線的十字星（線），顯露主力機構利用高位橫盤震盪整理，引誘跟風盤進場接盤並不斷出貨的意圖。

2022年1月18日，該股開低，股價回落，收出一根看跌吞沒大陰線（為見頂訊號），成交量與前一交易日大致持平，收盤跌幅為14.41％，當日5日、10日均線反轉下行，顯露主力機構最後毫無顧忌打壓出貨的堅決態度。

1月19日，鋒尚文化大幅跳空開低（向下跳空－4.42％開盤），收出一顆假陽真陰十字星（高位十字星又稱黃昏之星；高位假陽真陰，千萬小心），留下向下跳空突破缺口，成交量較前一交易日大幅萎縮，當日5日均線向下穿過10日均線形成死亡交叉，盤面弱勢特徵非常明顯。像這種情況，投資者如果還有籌碼沒有出完，次日一定要逢高清倉。此後，5日均線和10日均線一直壓著股價下行，發揮壓力和助跌作用。

📈 3-1-3 【20日均線】是月線，擔任哪一條均線的輔助？

20日均線也稱月線、輔助線，顯示股價在過去一個月的平均移動趨勢，即上漲、下跌或橫盤狀態。它作為輔助線的作用是協助10日均

線（操盤線），推動股價運行並控制其力道與校正其角度，穩定價格趨勢。

當股價站上20日均線，且20日均線持續上行時，預示階段性中線上漲行情已經開啟，此時以短線做多為主。如果股價跌破20日均線，站在20日均線下方，且20日均線掉頭向下，則意味階段性回檔行情已經展開，中線看空。

圖3-5是京滬高鐵（601816）2021年12月7日的K線走勢圖。將整個K線走勢縮小後可以看出，此時個股處於高位下跌後的反彈趨勢。股價從前期相對高位，即2021年4月12日最高價6.14元，一路震盪下跌，至2021年8月20日最低價4.38元止穩，下跌時間較長且跌幅較大。

股價止穩後，主力機構開始快速推升股價、收集籌碼，該股展開初期上漲行情。8月24日，該股開低，收出一根小陰線，成交量較前一交易日萎縮，當日5日均線反轉上行，10日均線走平。8月27日，該股以平盤開出，收出一根小陽線，成交量較前一交易日萎縮，當日5日均線向上穿過10日均線形成黃金交叉。

8月31日，該股開高，收出一根大陽線，突破前高，成交量較前一交易日放大3倍多，當日10日均線向上穿過20日均線形成黃金交叉，均線銀山谷型態形成，股價完全站上5日、10日和20日均線，5日、10日和20日均線呈現多頭排列。此時，MACD、KDJ等技術指標走強，股價強勢特徵開始顯現，投資者可以在當日或次日進場買進籌碼。

9月10日，該股開低，股價衝高至當日最高價5.10元再回落，收出一根帶長上影線的假陽真陰倒錘頭K線，成交量與前一交易日大致持平，股價離20日均線較遠，展開回檔洗盤吸籌行情，投資者此時可以先賣出手中籌碼，等待股價調整到位後，再將籌碼買回。

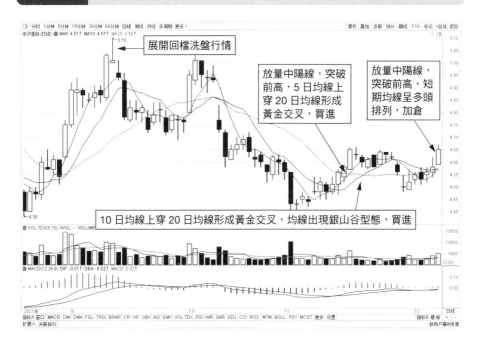

圖3-5　京滬高鐵（601816）2021 年 12 月 7 日的 K 線走勢圖

　　11月3日，該股以平盤開出，收出一根十字線，成交量較前一交易日極度萎縮，當日股價最低探至4.41元止穩，隨後主力機構開始推升股價、收集籌碼，K線走勢呈現紅多綠少、紅肥綠瘦的態勢。

　　11月11日，該股以平盤開出，收出一根小陽線，成交量與前一交易日持平，當日5日均線向上穿過10日均線形成黃金交叉。11月16日，該股開低，收出一根中陽線，成交量較前一交易日明顯放大，當日5日均線向上穿過20日均線形成黃金交叉。

　　11月19日，該股開低，收出一根小陽線，成交量與前一交易日大致

持平，當日10日均線向上穿過20日均線形成黃金交叉，均線銀山谷型態形成，股價完全站上20日均線。這時候，投資者可以進場逢低分批買進籌碼。

12月7日，京滬高鐵跳空開高，收出一根中陽線，突破前高，成交量較前一交易日明顯放大，當日5日均線向上穿過10日和20日均線形成雙黃金交叉。此時，股價站上5日、10日和20日均線，5日、10日和20日均線呈現多頭排列，MACD、KDJ等技術指標走強，股價的強勢特徵顯現，後市快速上漲的機率較大。面對這種情況，投資者可以在當日或次日進場加倉買進籌碼。

圖3-6是京滬高鐵（601816）2022年3月4日的K線走勢圖。從K線走勢可以看出，2021年12月7日，該股收出一根放量中陽線，突破前高，股價站上5日、10日和20日均線，短期均線呈現多頭排列，股價強勢特徵已經顯現。之後主力機構穩步向上推升股價。

從該股的上漲走勢來看，主力機構依託5日均線推升股價。在上漲過程中，該股展開兩次較大幅度的回檔洗盤行情，股價多次向下跌破10日均線很快收回。2022年1月28日起，主力機構加速拉升股價，整個上漲走勢比較順暢，漲幅較大。

2月11日，該股開低，股價衝高回落，收出一根螺旋槳陰K線（高位或相對高位的螺旋槳K線又稱變盤線、轉勢線），成交量較前一交易日萎縮，顯示股價上漲乏力，主力機構已經展開高位調整出貨。

此時，股價遠離20日均線且漲幅較大，5日均線即將走平，KDJ等部分技術指標走弱，盤面弱勢特徵顯現。這時候，投資者如果還有籌碼沒有出完，為了確保獲利最大化，可以不等5日均線反轉向下，就在次日逢高賣出籌碼。

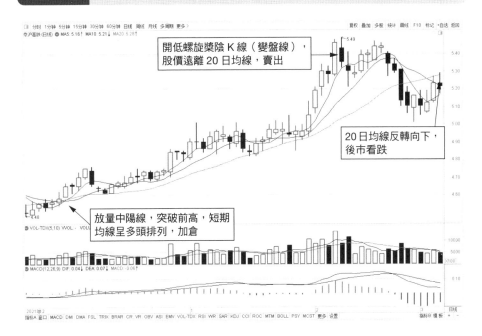

圖3-6　京滬高鐵（601816）2022年3月4日的K線走勢圖

開低螺旋槳陰K線（變盤線），股價遠離20日均線，賣出

20日均線反轉向下，後市看跌

放量中陽線，突破前高，短期均線呈多頭排列，加倉

　　2月22日，該股跳空開低，收出一根長下影線錘頭陰K線，成交量較前一交易日放大，股價收在5日、10日均線下方，5日、10日均線走平。

　　2月23日，該股以平盤開出，收出一根小陰線，成交量較前一交易日萎縮，5日均線向下穿過10日均線形成死亡交叉，如果此時投資者還有籌碼沒有賣出，次日一定要逢高清倉。2月25日，該股開高，收出一根小陰線，成交量較前一交易日萎縮，股價收在20日均線下方，弱勢特徵已經相當明顯。

　　3月4日，京滬高鐵以平盤開出，收出一顆陰十字星，20日均線反轉

向下，股價反彈無功而返。此後，5日、10日和20日均線一直壓著股價下行，發揮壓力和助跌作用，且均線呈現空頭排列，弱勢特徵十分明顯。

從20日均線平滑移動的軌跡可以看出，該均線比10日均線更加平緩、滯後，等到20日均線反轉向下或股價收在20日均線下方時，股價的跌幅已經很大了。因此，作為輔助線的20日均線，只能輔助10日均線操盤。

實戰操作中，投資者在賣出股票或判斷目標股票頭部特徵時，應該綜合使用K線、成交量、MACD、KDJ等指標，判斷會更準確、效果更好。尤其對於主力機構快速拉升的目標股票，投資者可以配合使用5日均線（或3日均線）與其他技術指標及型態來判斷頂部，準確率會更高、獲利更多。

3-1-4 【30日均線】作為生命線，是短線主力護盤的依據

30日均線也稱生命線，它是股價短期均線和中期均線的分界線。生命線的重要作用，就是揭示股價的中期運行趨勢和方向。同時30日均線是短線主力機構的護盤線，具有較強的支撐作用。

在上漲行情中，30日均線一般不會輕易被跌破。當股價突破並站上30日均線，且30日均線持續上行，則預示一大波中線行情已經開啟，此時以中線做多為主。如果股價跌破並站在30日均線下方，且30日均線反轉向下，則意味中期調整行情已經展開，中線看空。

圖3-7是姚記科技（002605）2021年12月13日的K線走勢圖。將K線走勢縮小後可以看出，此時該股處於大幅下跌、股價橫盤震盪整理趨勢

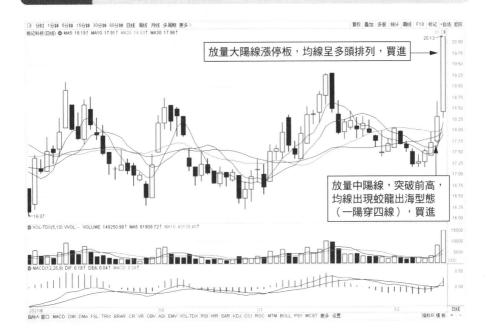

圖3-7 姚記科技（002605）2021年12月13日的K線走勢圖

中（已經選擇向上突破方向）。

股價從前期高位，即2020年7月14日最高價46元一路震盪下跌，至2021年7月30日最低價16.56元止穩，下跌時間較長、跌幅較大，期間有過多次幅度較大的反彈。

股價止穩後，主力機構推升股價、收集籌碼，然後該股展開橫盤震盪洗盤吸籌行情，震盪幅度較大，成交量呈現間斷性放（縮）量的狀態。期間5日、10日、20日和30日均線反覆纏繞，有過三次交叉黏合。

12月10日，該股開高，收出一根中陽線，突破前高，成交量較前一

交易日放大2倍多，當日股價向上突破5日、10日、20日和30日均線（一陽穿四線），均線蛟龍出海型態形成。當日5日均線反轉向上穿過10日、20日和30日均線，形成多重黃金交叉，股價強勢特徵已經顯現。這時候，投資者可以在當日或次日進場逢低買進籌碼。

12月13日，姚記科技跳空開高，收出一個大陽線漲停板，突破前高，成交量較前一交易日大幅放大，形成大陽線漲停K線型態。當日10日均線反轉向上穿過20日、30日均線形成雙黃金交叉，且30日均線抬頭上行，短期均線呈現多頭排列。

此時，MACD、KDJ等技術指標走強，股價的強勢特徵相當明顯，後市上漲的機率大。對於這種情況，投資者可以選擇在當日或次日進場加倉買進籌碼。

圖3-8是姚記科技（002605）2022年2月21日的K線走勢圖。從K線走勢可以看出，2021年12月13日，該股收出一個放量大陽線漲停板，突破前高，10日均線反轉向上穿過20日、30日均線形成雙黃金交叉，短期均線呈現多頭排列，股價強勢特徵相當明顯。之後主力機構推升股價。

從上漲走勢來看，該股12月13日收出一個放量大陽線漲停板後，展開十二個交易日的強勢整理洗盤吸籌行情，等待短期均線靠攏。強勢整理洗盤吸籌期間，正是投資者進場，逢低分批買進籌碼的好時機。

12月30日，該股開低，收出一根大陽線，突破前高和平台，成交量較前一交易日放大2倍多，5日均線向上穿過10日均線形成黃金交叉，強勢整理洗盤吸籌行情結束。

此時，均線呈現多頭排列，MACD、KDJ等技術指標走強，股價強勢特徵相當明顯，後市股價快速上漲機率大。像這種情況，投資者可以在當日或次日進場加倉買進籌碼。

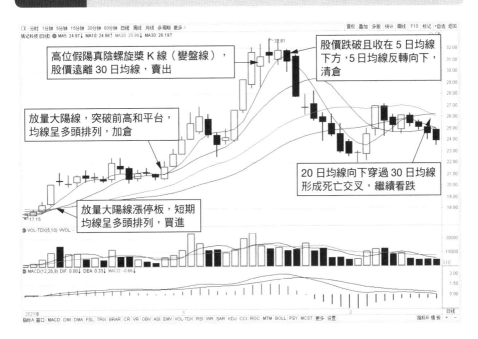

圖3-8　姚記科技（002605）2022 年 2 月 21 日的 K 線走勢圖

（圖中標註）
高位假陽真陰螺旋槳 K 線（變盤線），股價遠離 30 日均線，賣出

股價跌破且收在 5 日均線下方，5 日均線反轉向下，清倉

放量大陽線，突破前高和平台，均線呈多頭排列，加倉

20 日均線向下穿過 30 日均線形成死亡交叉，繼續看跌

放量大陽線漲停板，短期均線呈多頭排列，買進

之後，主力機構依託5日均線快速向上拉升股價，期間有過一次較大幅度的回檔洗盤，股價向下跌破10日均線很快收回。2022年1月12日開始，主力機構加速拉升股價，整個上漲走勢比較順暢，漲幅較大。

2022年1月17日，該股大幅開低，股價衝高回落，收出一根假陽真陰螺旋槳K線（高位或相對高位的螺旋槳K線又稱變盤線、轉勢線；高位假陽真陰，千萬小心），成交量較前一交易日萎縮。

此時股價遠離30日均線且漲幅較大，KDJ等部分技術指標有走弱跡象，盤面弱勢特徵已經顯現。像這種情況，投資者如果還有籌碼沒有出

完，為了確保獲利最大化，可以不等5日均線反轉向下，就在次日逢高賣出手中籌碼。

1月20日，該股開低，股價回落，收出一根長下影線錘頭陰K線（高位或相對高位的錘頭線又稱上吊線、吊頸線），成交量較前一交易日萎縮，股價跌破且收在5日均線下方，5日均線反轉向下，MACD、KDJ等技術指標走弱。這時候，投資者如果還有籌碼沒有出完，次日一定要逢高清倉。

1月21日，該股開高，股價回落跌停，收出一根跌停大陰線，成交量較前一交易日放大，當日5日均線向下穿過10日均線形成死亡交叉，10日均線反轉向下，個股弱勢特徵相當明顯，後市看跌。

2月11日，該股以平盤開出，收出一根長下影線大陰線，成交量較前一交易日放大，股價收在20日均線下方，20日均線反轉向下，反彈無功而返。2月16日，該股開低，收出一根中陰線，成交量較前一交易日大幅萎縮，股價跌破30日均線且收在其下方，30日均線即將走平。

2月21日，姚記科技開高，股價回落，收出一根中陰線，成交量較前一交易日萎縮，當日20日均線向下穿過30日均線形成死亡交叉，均線逐漸形成空頭排列，發揮壓力和助跌作用，股價弱勢特徵十分明顯，後市繼續看跌。

作為生命線的30日均線，能明確揭示股價的中期運行趨勢和方向，當股價突破30日均線，短期5日均線和10日均線上穿30日均線形成黃金交叉和多頭排列時，便是投資者進場買進籌碼的最佳時機。

在股價上漲過程中，作為生命線的30日均線發揮較強的支撐（助漲）作用。如果股價跌破30日均線確認，或反彈30日均線無功而返，則中期趨勢看淡，此時投資者不能盲目進場。

3-2 有 2 條中期均線，預示大級別行情的開啟

常用的中期均線有60日和90日均線，基本的實戰運用如下。

📈 3-2-1 【60日均線】是季線，主力做操盤決策時尤其重視

60日均線也稱季線、決策線，是連續三個交易月的平均價格，也是投資者較常用、主力機構特別重視的一條均線。作為決策線，60日均線常用於判斷股價的中期走勢，牽引股價運行於既定的大趨勢中，無論突破或跌破該均線，都代表一波牛市或熊市行情的到來。

當股價突破並站上60日均線，且60日均線上行時，預示一波大級別上漲行情已經開啟，此時投資者應以中線做多為主。如果股價跌破並收在60日均線下方，且60日均線反轉向下，則意味一波大級別的下跌調整行情已經展開，投資者應該果斷看空做空。

圖3-9（見下頁）是漢宇集團（300403）2022年6月28日的K線走勢圖。在看盤軟體上將整個K線走勢縮小後可以看出，此時該股處於上升趨勢中。股價從前期相對高位，即2020年11月4日最高價11.95元，一路

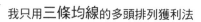

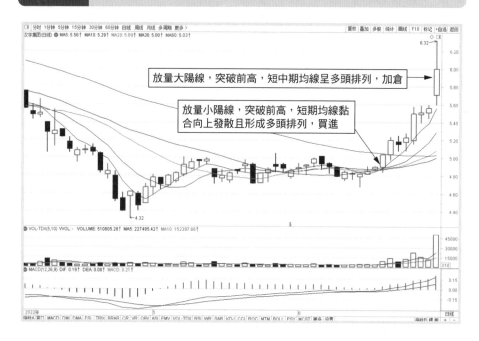

| 圖3-9 | 漢宇集團（300403）2022年6月28日的K線走勢圖 |

震盪下跌，至2022年4月27日最低價4.32元止穩，下跌時間長，跌幅大，期間有過多次幅度較大的反彈。

股價止穩後，主力機構快速推升股價、收集籌碼，然後該股展開橫盤震盪洗盤吸籌行情，K線走勢呈現紅多綠少、紅肥綠瘦的態勢，成交量呈間斷性放（縮）量。橫盤震盪洗盤吸籌期間，5日、10日、20日和30日均線反覆纏繞，有過多次交叉黏合，說明短中期成本趨於一致。

6月17日，該股以平盤開出，收出一根小陽線，突破前高，成交量較前一交易日放大2倍多，5日、10日、20日和30日均線交叉黏合，向上

多頭發散。此時，短期均線呈現多頭排列，MACD、KDJ等技術指標走強，股價強勢特徵已經顯現，後市上漲機率大。面對這種情況，投資者可以在當日或次日進場逢低買進籌碼。

6月20日，該股以平盤開出，收出一根小陽線，成交量較前一交易日大幅放大，股價突破且收在60日均線上方，股價強勢特徵已經相當明顯。這時候，投資者可以在當日或次日進場加倉買進籌碼。之後主力機構快速推升股價。

6月28日，漢宇集團跳空開高，收出一根大陽線，突破前高，成交量較前一交易日放大4倍多，當日60日均線由走平轉為向上移動。此時，短中期均線呈現多頭排列，MACD等技術指標持續走強，股價強勢特徵已經非常明顯，後市持續快速上漲機率大。

這時候，投資者可以在當日或次日進場，逢低加倉買進籌碼，持股待漲，等待股價出現明顯見頂訊號時再賣出。

圖3-10（見下頁）是漢宇集團（300403）2022年8月31日的K線走勢圖。從K線走勢可以看出，2022年6月28日，該股收出一根放量大陽線，突破前高，60日均線由走平轉為向上移動，短中期均線呈現多頭排列，股價強勢特徵相當明顯。之後主力機構向上推升股價。

從該股的上漲走勢來看，6月28日收出一根放量大陽線後，6月30日開始，主力機構採取台階式推升的操盤手法推升股價，以達到洗盤吸籌、清洗獲利盤、拉高新投資者入場成本的目的。台階式整理洗盤期間，投資者可以視情況買賣操作。

7月25日，主力機構推升三個台階後，當日該股開高，收出一根放量大陽線（漲幅為14.15％），主力機構開始加速拉升，整個上漲走勢較順暢，漲幅較大。

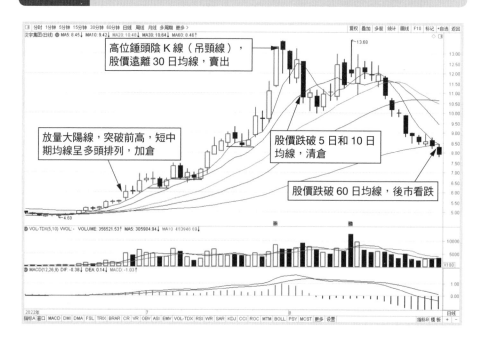

圖3-10　漢宇集團（300403）2022年8月31日的K線走勢圖

　　7月29日，該股開高，收出一根長下影線錘頭陰K線（高位或相對高位的錘頭線又稱上吊線、吊頸線），成交量較前一交易日萎縮。此時，股價遠離30日均線且漲幅較大，KDJ等部分技術指標開始走弱，盤面弱勢特徵已經顯現。這時候，投資者若還有籌碼沒有出完，為了確保獲利最大化，可以不等5日均線反轉向下，就在次日逢高賣出手中籌碼。

　　8月3日，漢宇集團開低，股價回落，收出一根大陰線（跌幅為15.05％），股價跌破5日和10日均線且收在10日均線下方，5日均線已經反轉向下，股價弱勢特徵非常明顯。這時候，如果投資者還有籌碼沒出

完，次日一定要逢高清倉。

8月22日，該股開低，收出一根中陰線，成交量較前一交易日萎縮，股價跌破且收在30日均線下方，後市看跌。

8月31日，漢宇集團開低，收出一根中陰線，成交量較前一交易日放大，股價跌破且收在60日均線下方，5日均線向下穿過60日均線形成死亡交叉，均線（除60日均線外）呈現空頭排列，均線對股價發揮壓制和助跌的作用，預示個股中長線看空。

作為決策線的60日均線，與30日均線一樣，能明確揭示股價的中期運行趨勢，當股價向上突破60日均線，短期5日均線和10日均線向上穿過60日均線形成黃金交叉、均線呈現多頭排列時，便是投資者進場加倉買進籌碼的最佳時機。

作為季線的60日均線在股價上漲的過程中，與其他短期均線一起發揮較強的支撐（助漲）作用。如果股價跌破60日均線確認後，後市基本上看跌，投資者不能盲目進場買進籌碼。

📈 3-2-2 【90 日均線】也稱萬能均線，深具助漲與助跌作用

90日均線也稱萬能均線，是中期均線和長期均線的分界線，同時也是中線主力機構的護盤線，具有較強的助漲或助跌作用。其運行平滑，能真實反映股價的運行方向和趨勢，是判斷中期運行方向和趨勢的重要依據。

90日均線作為萬能均線，是較為準確的趨勢（或方向）操作訊號，既適用於長線操盤，也適用於短線操作。當股價向上突破並站上90日

均線，且成交量有效放大，預示個股走勢轉好，投資者可以進場買進籌碼。如果股價跌破90日均線並收在其下方，且90日均線反轉向下，無論成交量是否放大，都意味調整下跌行情已經開始，投資者應果斷賣出手中籌碼。

圖3-11是萬澤股份（000534）2021年11月19日的K線走勢圖。將整個K線走勢縮小後可以看出，此時該股處於上升趨勢中。股價從前期相對高位，即2017年9月15日最高價16.65元，一路震盪下跌，至2020年2月4日最低價8元止穩，下跌時間長且跌幅大，期間有過多次大幅度的反彈。

股價止穩後，主力機構開始快速推升股價、收集籌碼，然後採取低買高賣，獲利與洗盤吸籌互相結合的操盤手法，讓該股展開大幅度波段式震盪盤升行情，成交量呈現間斷性放大的狀態。

2021年10月25日，該股開低，股價衝高回落，收出一顆陽十字星，股價第三波震盪盤升回落至當日最低價12.61元止穩，隨後展開強勢橫盤整理洗盤吸籌行情，短期均線開始走平且纏繞。

11月9日，該股開高，收出一根大陽線（收盤漲幅為7.64％），突破前高，成交量較前一交易日放大3倍多，當日5日均線向上穿過20日均線形成黃金交叉，5日、10日和20日均線形成多頭排列。此時，MACD、KDJ等技術指標走強，股價強勢特徵顯現，後市上漲機率大。

面對這種情況，投資者可以在當日或次日進場逢低買進籌碼。之後主力機構強勢縮量整理七個交易日，等待中期均線向上靠攏，期間正是投資者進場逢低分批買進籌碼的好時機。

11月19日，萬澤股份開高，收出一個大陽線漲停板，突破前高，成交量較前一交易日放大5倍多，形成大陽線漲停K線型態。當日股價向上突破5日、10日、60日和90日均線（一陽穿四線），20日和30日均線在股

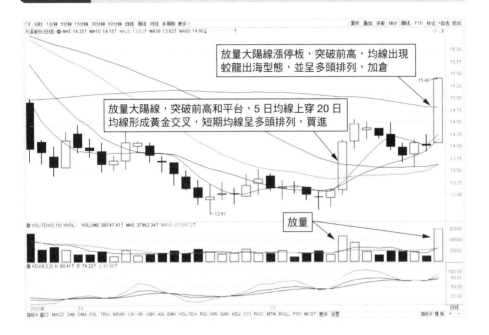

圖3-11　萬澤股份（000534）2021年11月19日的K線走勢圖

價下方向上移動，均線蛟龍出海型態形成，均線（除60日均線外）呈現多頭排列。

　　此時MACD、KDJ等各項技術指標走強，股價強勢特徵已經十分明顯，後市快速上漲機率大。這時候，投資者可以在當日或次日進場逢低加倉買進籌碼。

　　圖3-12（見下頁）是萬澤股份（000534）2022年1月20日的K線走勢圖。從K線走勢可以看出，2021年11月19日，該股收出一個放量大陽線漲停板，突破前高，均線出現蛟龍出海型態（一陽穿四線），均線呈現

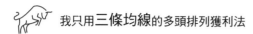

圖3-12　萬澤股份（000534）2022年1月20日的K線走勢圖

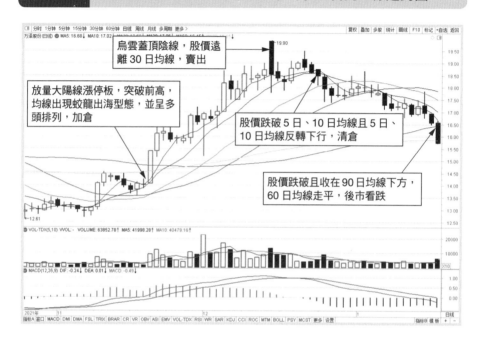

多頭排列，股價強勢特徵相當明顯。之後主力機構快速向上推升股價。

　　從該股的上漲走勢來看，主力機構依託5日均線推升股價，期間展開兩次強勢縮量調整洗盤，股價回檔跌破10日均線但很快收回，整個上漲走勢比較順暢。

　　12月15日，該股大幅開高（向上跳空6.30％開盤），股價直接回落，收出一根長下影線烏雲蓋頂陰K線（常見的看跌反轉訊號），成交量較前一交易日明顯放大。

　　此時股價遠離30日均線且漲幅較大，5日均線有走平趨勢，MACD、

KDJ等技術指標有走弱跡象，盤面弱勢特徵已經顯現。像這種情況，投資者如果還有籌碼沒有出完，為了確保獲利最大化，可以不等5日均線反轉，就在次日逢高賣出籌碼。

12月24日，該股開高，收出一根長下影線小陰線，成交量較前一交易日放大，當日股價跌破5日、10日均線，且收在10日均線下方，5日、10日均線反轉下行。

12月27日，該股開低，收出一根長下影線中陰線，成交量較前一交易日明顯放大，股價跌破20日均線且收在其下方，此時已經連續收出四根陰線，股價弱勢特徵十分明顯。這時候，投資者如果還有籌碼沒有出完，次日一定要逢高清倉。

2022年1月7日，該股開低，收出一根長上影線假陽真陰小K線，成交量與前一交易日持平，股價跌破30日均線且收在其下方，此後股價一路下行，所有短期均線呈現空頭排列，發揮壓力和助跌作用，股價弱勢特徵非常明顯，後市看跌。

1月20日，萬澤股份開高，股價回落，收出一根大陰線，成交量較前一交易日大幅放大，股價跌破90日均線且收在其下方，60日均線開始走平，股價大致跌回起漲點，預示該股中長線趨勢看空。

作為萬能線的90日均線，與30日、60日均線一樣，是較為準確的趨勢（或方向）操作訊號。當股價向上突破90日均線，且成交量放大時，就是投資者進場快速買進籌碼的最佳時機。如果股價跌破90日均線確認後，不管成交量放大或縮小，後市基本上看跌，此時投資者切勿盲目莊進場。

3-3 透過 2 條長期均線，準確辨別長期多空趨勢

常用的長期均線有120日和250日均線，這兩條均線基本的實戰運用如下說明。

🠕📈 3-3-1 【120 日均線】又叫趨勢線，扮演年線的屏障或阻力

120日均線也稱半年線、趨勢線，在長期均線組合中是比較常用的均線，用來觀察和追蹤股價的長期趨勢，其走勢平滑且遲緩。股價在下跌趨勢中，它是年線的最後一道屏障，在上升趨勢中，它又是年線的第一道阻力線。

120日均線作為趨勢線，常用於判斷大盤或股價的長期走勢，牽引股價運行在既定的大趨勢中，無論突破或跌破該均線，且經過十個交易日左右的確認後，一輪牛市或熊市行情可能來臨。

當120日均線反轉向上時，適合一些做長線的投資者或上班族進場買進籌碼並持股待漲，好處是不用經常盯盤。當120日均線反轉向下時就應該堅決清倉離場，這種情況一般出現得比較少，絕大多數投資者應該會

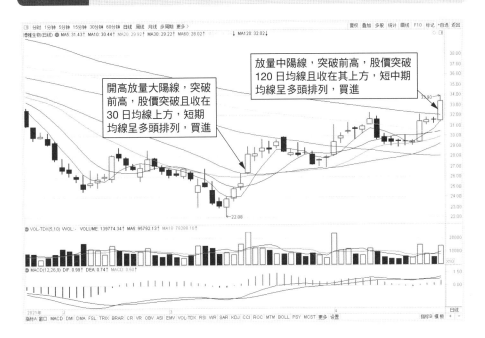

圖3-13　博雅生物（300294）2021年4月23日的K線走勢圖

> 開高放量大陽線，突破前高，股價突破且收在30日均線上方，短期均線呈多頭排列，買進

> 放量中陽線，突破前高，股價突破120日均線且收在其上方，短中期均線呈多頭排列，買進

在股價跌破30日均線、最遲跌破60日均線時清倉。

　　圖3-13是博雅生物（300294）2021年4月23日的K線走勢圖。在看盤軟體上將整個K線走勢縮小後可以看出，此時該股處於高位下跌後的反彈趨勢。股價從前期相對高位，即2020年8月4日最高價58.15元，一路震盪下跌，至2021年3月11日最低價22.08元止穩，下跌時間較長、跌幅大，期間有過多次幅度較大的反彈。在股價止穩後，主力機構快速推升股價、收集籌碼。

　　3月16日，該股大幅開高（向上跳空4.27％開盤），收出一根大陽線

（收盤漲幅為11.37％），突破前高，成交量較前一交易日明顯放大。當日5日均線向上穿過10日均線形成黃金交叉，股價突破20日、30日均線且收在30日均線上方，5日、10日和20日均線形成多頭排列。

此時，MACD、KDJ等技術指標走強，股價強勢特徵已經顯現，後市上漲機率大。像這種情況，投資者可以在當日或次日進場逢低買進籌碼。之後股價震盪上行。

4月23日，博雅生物開低，收出一根中陽線，突破前高，成交量較前一交易日放大2倍多。當日股價向上突破120日均線，且收在120日均線上方，短中期均線（5日、10日、20日、30日和60日均線）呈現多頭排列。

此時，MACD、KDJ等技術指標持續走強，股價強勢特徵已經相當明顯，後市持續上漲機率大。面對這種情況，投資者可以在當日或次日進場逢低加倉買進籌碼。

圖3-14是博雅生物（300294）2021年9月3日的K線走勢圖。從K線走勢可以看出，4月23日該股收出一根放量中陽線，突破前高，股價突破120日均線且收在其上方，短中期均線呈現多頭排列，股價強勢特徵相當明顯。之後該股展開震盪盤升行情。

從該股的上漲走勢來看，4月23日收出一根放量中陽線後，主力機構依託5日均線推升股價，期間展開三次回檔洗盤，其中兩次幅度較小的回檔洗盤，股價跌破10日均線但很快收回，一次幅度較大的回檔洗盤，股價跌破60日均線很快收回，整個上漲走勢較為曲折。

8月2日，該股開低，收出一根長下影線錘頭陰K線，成交量較前一交易日明顯萎縮，加上前一交易日收出的螺旋槳陽K線，顯示股價上漲乏力，主力機構利用盤中拉高展開震盪調整出貨。

此時，股價遠離30日均線且漲幅較大，KDJ等部分技術指標有走弱

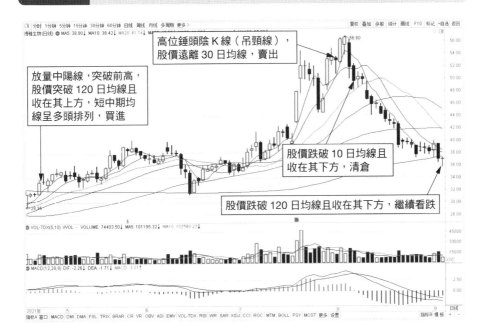

圖3-14　博雅生物（300294）2021年9月3日的K線走勢圖

跡象，盤面弱勢特徵已經顯現。像這種情況，投資者若還有籌碼沒有出完，為了確保獲利最大化，可以不等5日均線反轉向下，就在次日逢高賣出手中籌碼。

8月6日，該股開高，股價回落，收出一根大陰線，成交量較前一交易日明顯萎縮，當日股價跌破10日均線且收在10日均線下方，5日、10日均線反轉下行，盤面弱勢特徵已經非常明顯。這時候，投資者如果還有籌碼沒有出完，次日一定要逢高清倉。

8月13日，該股開高，收出一顆陽十字星，成交量較前一交易日大

幅萎縮，當日股價跌破30日均線且收在其下方，5日均線向下穿過10日均線、20日和30日均線形成死亡交叉，30日均線即將走平。之後股價急速下跌，30日均線反轉向下，所有短期均線下穿60日、90日均線，均線呈現空頭排列，發揮壓力和助跌作用，60日、90日均線走平且有反轉向下的趨勢，該股弱勢特徵十分明顯，後市看跌。

9月3日，博雅生物以平盤開出，收出一顆陽十字星，股價跌破120日均線且收在其下方，預示該股走勢長線看空。

作為半年線的120日均線，時間跨度較長，走勢平滑且遲緩，適合投資者追蹤觀察股價的長期運行趨勢，能為中長線投資者提供較準確的趨勢投資建議。實戰操作中，當股價向上突破120日均線，均線呈現多頭排列時，投資者可以快速進場買進籌碼，積極做多，等待短期均線反轉向下時賣出。

作為趨勢線的120日均線，能較明確地揭示股價的長期操作訊號，如果確認股價跌破120日均線，之後很長一段時間，市場將受到空方力量控制，後市看跌。投資者要看空做空，不能盲目進場買進籌碼。

📈 3-3-2 【250日均線】是年線，
　　　　表明股價走勢的牛熊轉換

250日均線又稱年線，顯示股價在過去一年的平均移動趨勢，它是股市長期走勢的生命線，也是股價走勢的牛熊線，又稱牛熊走勢的分界線，其走勢平滑且極為遲緩。

250日均線作為長期均線指標，一般不會單獨使用，主要與20日、120日均線配合使用（即1250均線戰法）。實戰操作中，投資者（尤其短

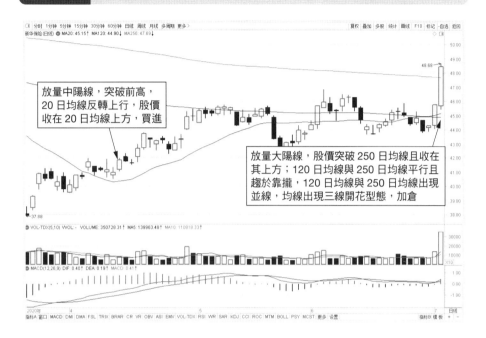

圖3-15　新華保險（601336）2020年7月2日的K線走勢圖

線投資者）很少會用到250日均線，它作為長期均線指標，經常用於判斷
股價走勢的牛熊轉換。

　　圖3-15是新華保險（601336）2020年7月2日的K線走勢圖。關於
250日均線（年線）的實戰運用（即250日均線與20日、120日均線的配
合），下面透過1250均線戰法（又稱三線開花戰法）展開分析。

　　在看盤軟體上將整個K線走勢縮小後可以看出，此時該股上市後已
經有過三波大漲（也可說是一波大漲和兩波大幅度反彈），即2015年6月
9日前、2017年11月22日前，以及2020年10月19日前，這三波大漲間又有

兩波幅度較大的反彈。這裡主要分析在第三波大漲過程中，1250均線戰法是如何實戰運用。

該股從前期相對高位，即2019年4月19日最高價64.99元（第二波反彈高點），一路震盪下跌，至2020年3月23日最低價37.88元止穩，下跌時間長且跌幅大，期間有過多次幅度較大的反彈。股價止穩後，主力機構快速推升股價、收集籌碼。

4月14日，該股開高，收出一根中陽線，突破前高，成交量較前一交易日放大將近2倍，當日的20日均線反轉上行，股價收在20日均線的上方。此時MACD、KDJ等技術指標走強，股價強勢特徵已經顯現，後市上漲機率大。像這種情況，投資者可以在當日或次日進場逢低分批買進籌碼。之後主力機構推升股價，股價震盪上行。

5月19日，該股開高，收出一根長上影線小陽線，成交量較前一交易日放大，20日均線開始走平，與120日均線平行向前移動，股價牽引20日均線和120日均線逐漸靠攏，該股展開橫盤震盪洗盤吸籌行情。

7月1日，該股開高，收出一根中陽線，成交量較前一交易日放大近2倍，20日均線向上穿過120日均線形成黃金交叉，120日均線走平，股價強勢特徵大致確立。這時候，投資者可以在當日或次日進場加倉買進籌碼。

7月2日，新華保險開低，收出一根大陽線（漲幅為5.90％），成交量較前一交易日放大2倍多，股價突破250日均線，收在250日均線上方。120日與250日均線平行且趨於靠攏（往前延伸至黃金交叉），120日均線與250日均線出現並線，三線開花均線型態出現。

此時，MACD、KDJ等技術指標走強，股價強勢特徵相當明顯，後市持續上漲機率大。像這種情況，投資者可以在當日或次日進場逢低加

圖3-16　新華保險（601336）2021年1月26日的K線走勢圖

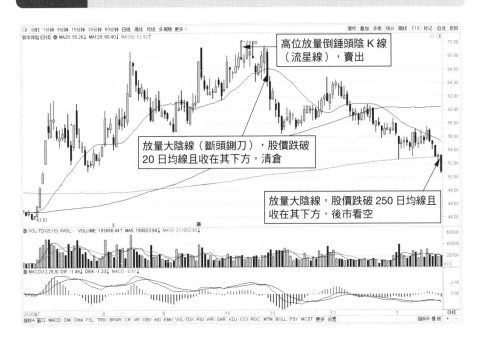

高位放量倒錘頭陰 K 線（流星線），賣出

放量大陰線（斷頭鍘刀），股價跌破 20 日均線且收在其下方，清倉

放量大陰線，股價跌破 250 日均線且收在其下方，後市看空

倉買進籌碼。

　　圖3-16是新華保險（601336）2021年1月26日的K線走勢圖。從K線走勢可以看出，2020年7月2日，該股開低收出一根放量大陽線，股價突破250日均線，收在250日均線上方，120日均線與250日均線平行且趨於接近靠攏（往前延伸至黃金交叉），120日均線與250均線出現並線，三線開花均線型態出現，股價強勢特徵相當明顯。之後主力機構快速拉升股價，該股展開震盪盤升行情。

　　從該股的上漲走勢來看，7月2日收出一根放量中陽線後，主力機構

依託20日均線推升股價，期間展開兩次較大幅度的調整洗盤，每次回檔確認（8月4日和9月16日），都是投資者進場加倉買進的好時機。整個上漲走勢比較曲折，畢竟前期已有兩波大幅度的上漲，這一波拉升，尤其是後期的震盪盤升，主力機構的主要操盤目的應該都是出貨。

10月19日，該股開低，股價衝高回落，收出一根長上影線倒錘頭陰K線（高位倒錘頭K線又稱射擊之星、流星線），成交量較前一交易日放大，顯示股價上漲乏力，主力機構盤中拉高股價的目的是震盪調整出貨。此時股價漲幅較大，KDJ等部分技術指標開始走弱，盤面弱勢特徵顯現。

面對這種情況，投資者若還有籌碼沒有出完，為了確保獲利最大化，可以不等20日均線反轉向下，就在次日逢高賣出手中籌碼。

10月30日，該股開低，股價回落，收出一根大陰線（在完整的均線系統中，當日的大陰線同時切斷5日、10日、20日和30日四條均線，因此又可稱斷頭鍘刀陰線），成交量較前一交易日明顯放大，股價跌破20日均線且收在其下方，股價弱勢特徵非常明顯。這時候，投資者如果還有籌碼沒有出完，次日一定要逢高清倉。

12月22日，該股以平盤開出，收出一根大陰線，成交量較前一交易日明顯放大，股價跌破120日均線且收在其下方，120日均線即將走平，股價弱勢特徵已經非常明顯，後市看跌。之後股價繼續下跌，20日、120日均線反轉向下，發揮壓力和助跌的作用，該股弱勢特徵十分明顯。

2021年1月26日，新華保險以平盤開出，收出一根大陰線，成交量較前一交易日放大，股價在前一交易日擊穿250日均線後，當日股價跌破250日均線且收在其下方，預示該股長期趨勢看空。

作為年線的250日均線，時間跨度長，走勢平滑遲緩，是牛熊趨勢的

分界線，適合投資者追蹤觀察股價的長期運行趨勢。實戰操作中，主要與20日、120日均線配合，當作參考（稱為1250均線戰法）。

在1250均線戰法中，20日均線在低位反轉向上，意味上升趨勢萌發。20日均線向上穿過120日均線形成黃金交叉，若成交量放大，就是強勢特徵確立和強烈買進的訊號。120日均線與250日均線走平，或反轉向上穿過250日均線形成黃金交叉，代表股價強勢特徵非常明顯，是投資者加倉買進籌碼的訊號。

為了防止主力機構的技術騙線，實戰運用中，投資者可以改變均線參數，將1250均線戰法中的20日均線替換為10日或30日均線，將均線系統設置為1150或1350均線戰法模式，就能將進場時間提前或退後，盡可能避免落入主力機構的技術陷阱。但投資者必須注意，當股價上漲遠離10日、20日或30日均線太遠時，應該賣出手中籌碼，落袋為安。

在股價跌破250日均線後，股價可能會慣性下跌很長一段時間，投資者要看空做空，不能盲目進場買進籌碼。

PART 3 重點整理

☑ 5 日均線：也稱攻擊線，是一週交易的平均價格，也是短線操盤
分析判斷的依據。只要股價站在 5 日均線上方不跌破，並呈現向
上移動的趨勢，說明股價處於強勢狀態，短期內將看漲。

☑ 10 日均線：又稱半月線、行情線、操盤線，是連續兩週交易的平
均價格，也是把握股價在十個交易日內走勢變化的重要參考線。
只要股價不跌破 10 日均線，股價就處於強勢狀態。

☑ 20 日均線：又稱月線、輔助線，顯示股價在過去一個月的平均
移動趨勢。它協助 10 日均線推動股價運行，並控制其運行力道
與校正運行角度，穩定價格趨勢。

☑ 30 日均線：也稱生命線，是短期均線和中期均線的分界線。它揭
示股價的中期運行趨勢和方向，同時是短線主力機構的護盤線，
具有較強的支撐作用。

☑ 60 日均線：也稱季線、決策線，是連續三個交易月的平均價格，
也是投資者較常用的均線。它用於判斷股價的中期走勢，無論突
破或跌破該均線，都代表一波牛市或熊市行情的到來。

☑ 90 日均線：又稱萬能均線，是中期均線和長期均線的分界線，
同時是中線主力機構的護盤線，具有較強的助漲或助跌作用。它
運行平滑，能真實反映股價的運行方向和趨勢。

☑ 120 日均線：也稱半年線、趨勢線，在長期均線組合中是較常用的均線，用來觀察股價的長期趨勢，走勢平滑且遲緩。當股價在下跌趨勢中，它是年線的最後一道屏障，當股價在上升趨勢中，則是年線的第一道阻力線。

☑ 250 日均線：又稱年線，顯示股價在過去一年的平均移動趨勢，是股市長期走勢的生命線。它也是股價走勢的牛熊線，又稱牛熊走勢的分界線，走勢平滑且非常遲緩。

PART **4**

三條均線的多頭排列獲利法，讓你波段交易翻倍賺

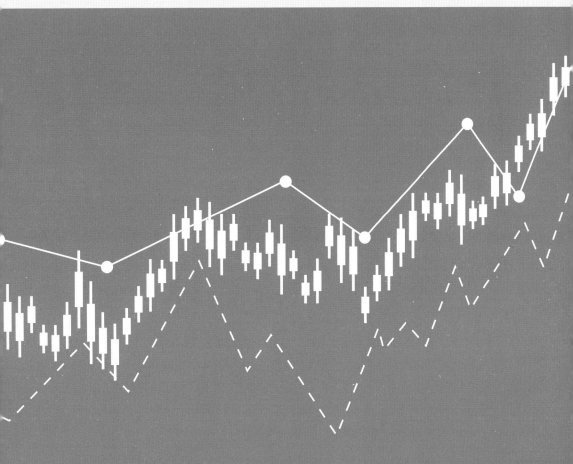

4-1 為何要設定均線組合？防止主力的技術騙線

均線組合指的是依據均線的計算週期，把兩條或兩條以上均線搭配在一起的組合型態。

把不同週期的均線搭配組合，效果會比單條均線好，因為均線組合的訊號會比單條均線指標的訊號更強烈、發揮的作用更大。也只有兩條或兩條以上均線搭配的均線組合，才會出現交叉、收窄、黏合、發散等型態，更真實反映市場實際交易狀況，便於投資者判斷行情趨勢，把握買賣點。

不過，投資者還是要搭配K線型態、成交量及其他技術指標綜合研判，以提高準確性，確保實戰效益。

一般來說，均線組合分為混搭均線組合和順搭均線組合。實戰操作中，投資者可以根據自己的需求靈活調整參數，搭配需要的均線進行組合，設置自己需要的均線系統，防止主力機構的騙線行為。

📈 4-1-1 混搭 vs. 順搭，這兩種均線組合各有何特色？

　　混搭均線組合是將週期差距較大的幾條均線搭配在一起的型態，通常是從短、中、長期均線當中，挑出幾條具代表性的均線做組合。混搭均線組合可以分為日均線混搭組合、週均線混搭組合，以及月均線混搭組合。

　　普通看盤軟體系統預設的日均線混搭組合，配置5日、10日、20日、60日均線。但日常盯盤中，投資者比較常用的日均線混搭組合為5日、30日、90日、250日均線組合，這個組合便於判斷大勢、把握方向。因為該組合分別配置超短期、短期、中期及長期均線，利於判斷當前股價所處的位置，掌握均線的支撐與壓力狀況，準確預測股價未來的發展趨勢和方向。

　　順搭均線組合是將週期順勢、差距不大的幾條均線搭配在一起，專門分析股價走勢的型態，主要用於判斷股價的發展趨勢和方向，確認買賣點。順搭均線組合可以分為日均線順搭組合、週均線順搭組合，以及月均線順搭組合。其中，又可以把日均線順搭組合分為短期均線組合、中期均線組合及長期均線組合。

　　實際操作中，投資者主要是以日均線組合來分析趨勢，把握買賣點。因此，本書主要分析日線短期、中期及長期均線組合的實戰運用。投資者需要特別注意，在把握大勢、確定買賣點時，不能僅憑均線組合一種技術型態，一定要結合政策面、大盤走勢、個股基本面、消息面，以及K線、成交量等其他技術指標，進行綜合判斷。

4-2 短期均線組合：操作強勢股的重要參考指標

　　日線級別比較常用的短期均線組合，是以5日均線為基準，把週期順勢、差距不大的兩條或兩條以上的短期均線互相搭配，用來分析短中期趨勢的組合型態。將兩條均線搭配的短期均線組合，一般有5日和10日均線組合、5日和20日均線組合，以及5日和30日均線組合，用於判斷短期買賣點。

　　這裡不逐一列舉其他更多搭配組合，主要分析三條均線搭配的短期均線組合，以及其實戰運用。三條均線搭配而成的短期均線組合，最常見的是5日、10日、20日均線組合，以及5日、10日、30日均線組合。

　　在短期均線組合的向上運行趨勢中，5日均線作為短期均線，是多方護盤的核心，否則上漲力道十分有限。10日均線作為中期均線，是多方的重要支撐線，如果10日均線被有效跌破，趨勢就可能變弱。

　　20日均線作為此組合中的長期均線，既發揮輔助功能，又可以用來分析市場的支撐位或壓力位。30日均線作為此組合中的長期均線，揭示股價方向和趨勢，若上行則短期可以看多做多，若下行則相反，一旦趨勢成形就難以改變，是衡量短中期趨勢強弱的主要指標。

📈 4-2-1【5、10、20日均線】
能確認短期買賣點，但要留意……

　　5日、10日、20日均線組合，是一組較容易把握但較靈活的短線交易均線組合，主要用於觀察股價短期運行的趨勢，確認短期買賣點。在這個均線組合中，5日均線為短期均線、10日均線為中期均線、20日均線為長期均線。20日均線發揮輔助10日均線操盤的作用，把握趨勢和方向。該均線組合操作簡便，可信度高，不足之處是穩定性不強，不適合觀察中長期的發展趨勢和方向。

　　圖4-1（見下頁）是匯納科技（300609）2021年11月2日的K線走勢圖。在看盤軟體上將整個K線走勢縮小後可以看出，此時該股處於反彈趨勢中。股價從前期相對高位，即2020年8月10日的最高價47.50元，一路震盪下跌，至2021年2月8日的最低價13.32元止穩，下跌時間較長，跌幅大，期間有過多次大幅度的反彈。

　　股價止穩後，主力機構快速推升股價、收集籌碼，然後該股展開大幅橫盤震盪（挖坑）洗盤吸籌行情，主力機構低買高賣獲利與洗盤吸籌並舉，期間成交量呈現間斷性放（縮）量。

　　10月28日，橫盤震盪洗盤吸籌八個多月後，該股開高，股價探至最低價12.96元止穩，收出一顆陰十字星，成交量較前一交易日萎縮，週轉率1.55%，挖坑洗盤行情結束。

　　10月29日，該股跳空開高，收出一個大陽線漲停板，突破前高，成交量較前一交易日放大7倍多，留下向上跳空突破缺口，形成向上突破缺口和大陽線漲停K線型態。

　　當日股價向上突破5日、10日及20日均線（一陽穿三線），均線蛟

圖4-1	匯納科技（300609）2021年11月2日的K線走勢圖

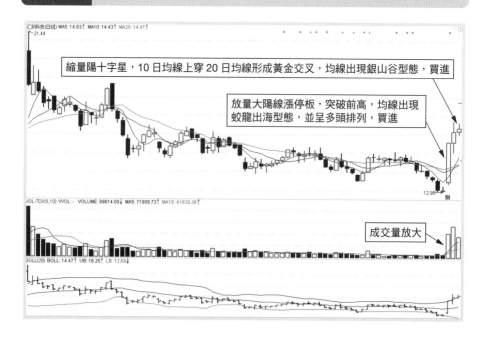

縮量陽十字星，10日均線上穿20日均線形成黃金交叉，均線出現銀山谷型態，買進

放量大陽線漲停板，突破前高，均線出現蛟龍出海型態，並呈多頭排列，買進

成交量放大

龍出海型態形成，5日、10日、20日均線呈現多頭排列。此時，MACD、KDJ等技術指標走強，股價強勢特徵相當明顯，後市上漲機率大。像這種情況，投資者可以在當日或次日進場逢低分批買進籌碼。

11月1日，該股以平盤開出，收出一根小陽線，突破前高，成交量較前一交易日有效放大，5日均線向上穿過10日、20日均線形成黃金交叉，股價站上5日、10日及20日均線。

11月2日，匯納科技開高，收出一顆陽十字星，突破前高，成交量較前一交易日萎縮。當日10日均線向上穿過20日均線形成黃金交叉，均線

圖4-2 匯納科技（300609）2022年3月15日的K線走勢圖

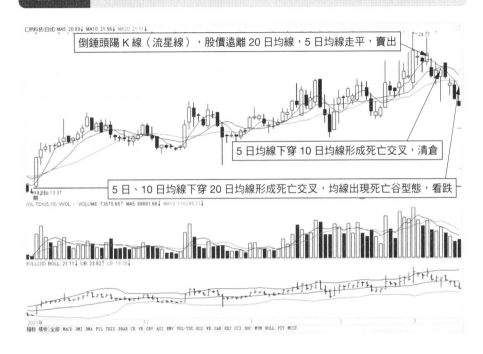

銀山谷型態形成，股價強勢特徵十分明顯。投資者可以在當日或次日進場加倉買進籌碼。

　　圖4-2是匯納科技（300609）2022年3月15日的K線走勢圖。從該股的K線走勢可以看出，2021年11月2日，該股收出一顆縮量陽十字星，10日均線向上穿過20日均線形成黃金交叉，均線銀山谷型態形成，之後主力機構依託10日均線推升股價，股價緩慢震盪上行，走得比較曲折艱難，期間多次跌破20日均線，但都被拉回，20日均線對股價發揮較好的支撐和助漲作用。

2022年3月4日，該股開高，股價衝高回落，收出一根倒錘頭陽K線（高位倒錘頭K線又稱射擊之星、流星線），成交量較前一交易日放大。當日5日均線走平，股價遠離20日均線，且股價從啟動上漲以來，漲幅也較大，加上大盤走勢低迷，顯露主力機構有盤中拉高、震盪出貨的意圖。為了確保獲利，投資者可以不等5日均線反轉向下，就在當日或次日逢高賣出手中籌碼。

3月7日，該股大幅跳空開低，收出一根倒錘頭陰K線，成交量較前一交易日萎縮，股價跌破5日均線且收在其下方，5日均線反轉向下。此時MACD、KDJ等各項技術指標走弱，盤面弱勢特徵已經十分明顯。像這種情況，投資者如果還有籌碼沒有出完，次日一定要逢高清倉。

3月9日，該股開低，收出一根錘頭陽K線，成交量較前一交易日放大，股價跌破10日均線且收在其下方，5日均線向下穿過10日均線形成死亡交叉，後市看跌。

3月14日，該股開低，收出一根中陰線，成交量較前一交易日萎縮，股價跌破20日均線且收在其下方，5日均線向下穿過20日均線形成死亡交叉，20日均線走平，持續看跌。

3月15日，匯納科技開低，收出一根倒錘頭陰K線，成交量較前一交易日放大，10日均線向下穿過20日均線形成死亡交叉，均線死亡谷型態形成，20日均線由走平轉頭下行，5日、10日及20日均線壓制股價、發揮助跌作用，均線再度呈現空頭排列，股價弱勢特徵已經非常明顯，中期下跌調整行情已經展開，後市繼續看跌。

圖4-3是新華都（002264）2021年11月23日的K線走勢圖。將整個K線走勢縮小後可以看出，此時該股處於反彈趨勢中。股價從前期相對高位，即2020年7月14日最高價6.25元，一路震盪下跌，至2021年2月4日最

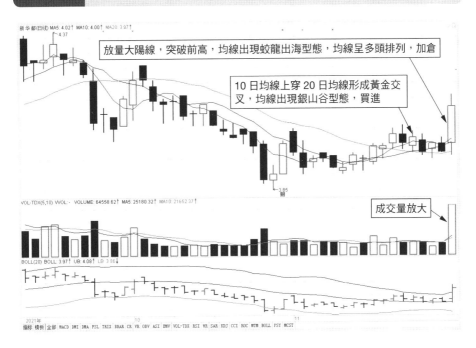

圖4-3　新華都（002264）2021年11月23日的K線走勢圖

低價3.93元止穩，下跌時間不長，但跌幅較大，期間有過多次大幅度的反彈。

　　在股價止穩後，主力機構快速推升股價、收集籌碼，然後該股展開大幅橫盤震盪（挖坑）洗盤吸籌行情，主力機構低買高賣，獲利與洗盤吸籌並舉，過程中該股收出過一個大陽線漲停板，為吸籌建倉型漲停板。期間主力機構有過多次衝高回落試盤的行為，成交量呈現間斷性放（縮）量。

　　10月28日，橫盤震盪洗盤吸籌八個多月後，該股以平盤開出，股價

探至當日最低價3.85元止穩，收出一顆陽十字星，成交量較前一交易日萎縮，週轉率0.27％，挖坑洗盤行情結束。此後，該股展開強勢橫盤整理行情，主力機構繼續收集籌碼，K線走勢呈現紅多綠少、紅肥綠瘦的態勢。強勢橫盤整理期間，5日均線與10日均線多次交叉黏合。

11月11日，該股開低，收出一根小陽線，突破前高，成交量較前一交易日有效放大，5日均線再次向上穿過10日均線形成黃金交叉，股價突破5日和10日均線，盤面強勢特徵開始顯現。

11月15日，該股開高，收出一根小陽線，突破前高，成交量較前一交易日有效放大，5日均線向上穿過20日均線形成黃金交叉，股價站上5日、10日及20日均線，股價強勢特徵已經相當明顯，投資者可以在當日或次日進場逢低分批買進籌碼。

11月17日，該股開低，收出一顆陽十字星，成交量與前一交易日大致持平，10日均線向上穿過20日均線形成黃金交叉，均線銀山谷型態形成。

11月23日，新華都開高，收出一根大陽線，突破前高，成交量較前一交易日放大4倍。當日股價向上突破5日、10日、20日均線，均線蛟龍出海型態形成，均線呈現多頭排列。此時MACD、KDJ等技術指標走強，股價強勢特徵相當明顯，後市上漲機率大。這時候，投資者可以在當日或次日進場逢低加倉買進籌碼。

圖4-4是新華都（002264）2021年12月27日的K線走勢圖。從K線走勢可以看出，11月23日該股開高，收出一根放量大陽線，突破前高，當日股價向上突破5日、10日及20日均線，均線呈現多頭排列，股價強勢特徵相當明顯。

之後，主力機構依託5日均線快速向上拉升股價，期間有過兩次強勢

圖4-4　新華都（002264）2021年12月27日的K線走勢圖

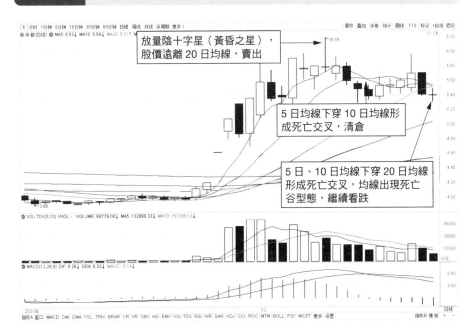

放量陰十字星（黃昏之星），股價遠離20日均線，賣出

5日均線下穿10日均線形成死亡交叉，清倉

5日、10日均線下穿20日均線形成死亡交叉，均線出現死亡谷型態，繼續看跌

調整，時間為一至二個交易日，在調整當日，股價雖然跌破5日均線，但收盤都收在5日均線上，5日均線對股價發揮較好的支撐和助漲作用。

12月9日，該股開低，股價衝高回落，收出一根長上影線陰十字星（高位或相對高位十字星又稱黃昏之星），成交量較前一交易日明顯放大，顯示股價上漲乏力，主力機構盤中拉高股價的目的是展開震盪調整出貨。

此時，股價遠離20日均線且漲幅較大，MACD、KDJ等技術指標開始走弱，盤面弱勢特徵已經顯現。像這種情況，投資者如果還有籌碼沒

有出完，為了確保獲利最大化，可以不等5日均線反轉向下，就在次日逢高賣出手中籌碼。

12月10日，該股開低，股價衝高回落，收出一根小螺旋槳陽K線，成交量較前一交易日萎縮，5日均線反轉向下。12月14日，該股開低，收出一根錘頭陰K線，成交量較前一交易日萎縮，股價跌破5日和10日均線且收在10日均線下方。

12月15日，該股以平盤開出，收出一根中陰線，成交量較前一交易日繼續萎縮，5日均線下穿10日均線形成死亡交叉，盤面弱勢特徵已經相當明顯。面對這種情況，投資者如果還有籌碼沒有出完，次日一定要逢高清倉。

12月23日，新華都以平盤開出，收出一根陰十字線，成交量較前一交易日萎縮，5日、10日均線向下穿過20日均線形成死亡交叉，均線死亡谷型態形成，股價跌破20日均線且收在其下方，20日均線走平，5日、10日均線一直壓制股價下行，均線再度呈現空頭排列，股價弱勢特徵非常明顯，有展開中期下跌調整行情的趨勢，後市繼續看跌。

4-2-2 【5、10、30日均線】 讓你秒懂股價的短中期走向

5日、10日、30日均線組合是投資者最常用的均線組合之一，比5日、10日、20日均線組合穩健，主要用於觀察股價的短中期運行趨勢和方向，確認短期買賣點，實用性強、可信度高。

在這個均線組合中，5日均線作為短期均線、10日均線作為中期均線、30日均線作為長期均線來使用。此時，30日均線能清楚揭示股價的

圖4-5	生意寶（002095）2021年11月10日的K線走勢圖

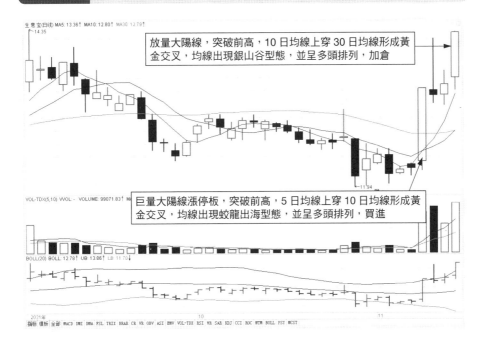

放量大陽線，突破前高，10日均線上穿30日均線形成黃金交叉，均線出現銀山谷型態，並呈多頭排列，加倉

巨量大陽線漲停板，突破前高，5日均線上穿10日均線形成黃金交叉，均線出現蛟龍出海型態，並呈多頭排列，買進

中期運行趨勢和方向。

　　圖4-5是生意寶（002095）2021年11月10日的K線走勢圖。將整個K線走勢縮小後可以看出，此時該股處於高位下跌後的反彈趨勢。股價從前期相對高位，即2019年9月9日最高價31.57元，一路震盪下跌，至2021年2月4日最低價11.58元止穩，下跌時間長，跌幅大，期間有過多次大幅度的反彈。

　　股價止穩後，主力機構快速推升股價、收集籌碼，然後該股展開大幅橫盤震盪（挖坑）洗盤吸籌行情，主力機構低買高賣，獲利與洗盤吸

籌並舉，期間收出過兩個漲停板（一個小陽線漲停板和一個大陽線漲停板），皆是吸籌建倉型漲停板。橫盤震盪（挖坑）洗盤吸籌期間，該股成交量呈現間斷性放（縮）量。

10月28日，橫盤震盪洗盤吸籌八個多月後，該股開低，股價探至當日最低價11.94元止穩，收出一根略帶下影線的大陰線，成交量較前一交易日放大，週轉率為0.84％，挖坑洗盤吸籌行情結束。之後該股展開強勢整理行情，主力機構繼續收集籌碼。股價強勢整理期間，5日、10日均線由走平逐漸翹頭向上移動。

11月5日，該股跳空開高，收出一個大陽線漲停板，突破前高，成交量較前一交易日放大13倍多，形成巨量大陽線漲停K線型態。當日股價向上突破5日、10日及30日均線（一陽穿三線），均線蛟龍出海型態形成，5日均線向上穿過10日均線形成黃金交叉，30日均線走平，5日、10日及30日均線呈現多頭排列。

此時MACD、KDJ等技術指標走強，股價的強勢特徵相當明顯，後市上漲的機率大。像這種情況，投資者可以在當日或次日進場逢低加倉買進籌碼。

11月8日，該股開低，股價衝高回落，收出一根長上影線陰十字星，成交量較前一交易日放大，5日均線向上穿過30日均線形成黃金交叉，股價站上5日、10日及30日均線，盤面強勢特徵非常明顯。這時候，投資者可以在當日或次日進場逢低加倉買進籌碼。

11月10日，生意寶開高，收出一根大陽線，突破前高，成交量較前一交易日明顯放大，10日均線向上穿過30日均線形成黃金交叉，均線銀山谷型態形成，均線呈現多頭排列。

此時，MACD、KDJ等技術指標持續走強，股價強勢特徵已經十分

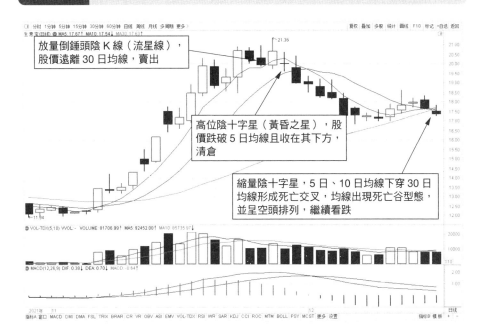

圖4-6 生意寶（002095）2021年12月16日的K線走勢圖

放量倒錘頭陰K線（流星線），
股價遠離30日均線，賣出

高位陰十字星（黃昏之星），股
價跌破5日均線且收在其下方，
清倉

縮量陰十字星，5日、10日均線下穿30日
均線形成死亡交叉，均線出現死亡谷型態，
並呈空頭排列，繼續看跌

明顯，後市快速上漲機率大。面對這種情況，投資者可以在當日或次日
進場加倉買進籌碼。

　　圖4-6是生意寶2021年12月16日的K線走勢圖。從K線走勢可以看
出，11月10日，該股開高收出一根放量大陽線，突破前高，10日均線向
上穿過30日均線形成黃金交叉，均線銀山谷型態形成，均線呈現多頭排
列，股價強勢特徵相當明顯。

　　之後主力機構依託5日均線快速拉升股價，期間有兩次強勢小調整，
股價跌破5日均線，但很快收回，5日均線對股價發揮較好的支撐和助漲

作用。

11月25日，該股開高，股價衝高回落，收出一根長上影線倒錘頭陰K線，成交量較前一交易日放大，顯示股價上漲乏力，主力機構盤中拉高股價的目的是震盪調整出貨。

此時5日均線走平，股價遠離30日均線且漲幅較大，MACD、KDJ等技術指標開始走弱，盤面弱勢特徵已經顯現。這時候，投資者如果還有籌碼沒有出完，為了確保獲利最大化，可以不等5日均線反轉向下，就在次日逢高賣出籌碼。

11月29日，主力機構大幅開低，股價衝高回落，收出一根陰十字星（高位或相對高位十字星又稱黃昏之星），成交量較前一交易日萎縮，股價跌破5日均線且收在其下方，5日均線反轉向下，盤面弱勢特徵已相當明顯。這時候，投資者如果還有籌碼沒有出完，次日應該逢高清倉。

12月1日，該股開高，股價衝高回落，收出一顆陰十字星，成交量較前一交易日萎縮，股價跌破10日均線且收在其下方，5日均線向下穿過10日均線形成死亡交叉，盤面弱勢特徵非常明顯，後市看跌。

12月16日，生意寶開低，收出一顆陰十字星，成交量與前一交易日持平，股價依託30日均線反彈失敗，股價跌破30日均線且收在其下方。5日、10日均線向下穿過30日均線形成死亡交叉，均線死亡谷型態形成。5日、10日均線一直壓制股價下行，均線呈現空頭排列，股價弱勢特徵十分明顯，有展開中期下跌調整行情的趨勢，後市繼續看跌。

圖4-7是力合微（688589）2021年11月9日的K線走勢圖。將整個K線走勢縮小後可以看出，此時個股處於上升趨勢。股價從前期相對高位，即2021年8月13日最高價57.61元，回檔洗盤，至2021年10月27日最低價32.62元止穩，回檔洗盤時間雖然較短，但回檔幅度大。股價止穩後，主

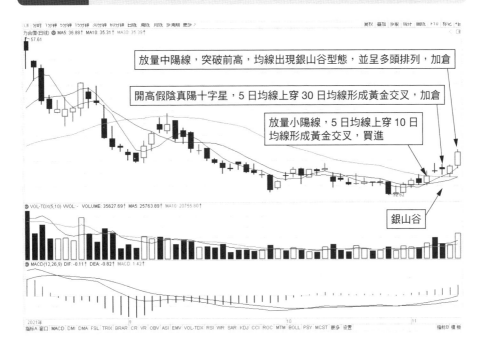

圖4-7　力合微（688589）2021年11月9日的K線走勢圖

力機構快速推升股價、收集籌碼。

　　10月29日，該股開高，收出一根中陽線，突破前高，成交量較前一交易日明顯放大，股價突破5日、10日均線且收在其上方，5日、10日均線走平。11月2日，該股開高，收出一根小陰線，成交量較前一交易日萎縮，5日均線反轉上行。

　　11月3日，該股開高，收出一根小陽線，突破前高，成交量較前一交易日明顯放大。當日5日均線向上穿過10日均線形成黃金交叉，股價站上5日和10日均線。此時，MACD、KDJ等技術指標開始走強，股價強勢特

徵顯現，後市上漲機率大。這時候，投資者可以在當日或次日進場逢低買進籌碼。

11月5日，該股開高，股價衝高回落，收出一根假陰真陽十字星，突破前高，成交量較前一交易日萎縮。當日5日均線向上穿過30日均線形成黃金交叉，股價站上5日、10日及30日均線，股價強勢特徵已經非常明顯。這時候，投資者可以在當日或次日進場加倉買進籌碼。

11月9日，該股跳空開高，收出一根中陽線，突破前高，成交量較前一交易日明顯放大。當日10日均線向上穿過30日均線形成黃金交叉，均線銀山谷型態形成，均線呈現多頭排列。此時，MACD、KDJ等技術指標持續走強，股價強勢特徵已經非常明顯，後市持續快速上漲機率大。面對這種情況，投資者可以在當日或次日進場，逢低加倉買進籌碼。

圖4-8是力合微（688589）2022年1月7日的K線走勢圖。從K線走勢可以看出，11月9日，該股開高收出一根放量中陽線，突破前高，10日均線向上穿過30日均線形成黃金交叉，均線銀山谷型態顯現，均線呈現多頭排列，股價強勢特徵相當明顯。

之後主力機構依託5日均線快速拉升股價，期間該股展開三次調整，時間都在四個交易日以上，且股價均跌破5日均線，但由於10日和30日均線對股價的支撐和助漲作用，股價很快又都拉回到5日均線上，整個走勢還算順暢，漲幅較大。

12月17日，該股開低，股價衝高回落，收出一根陰十字星，成交量較前一交易日萎縮，顯示股價上漲乏力，主力機構盤中拉高股價的目的是震盪調整出貨。

此時，股價遠離30日均線且漲幅較大，KDJ等部分技術指標開始走弱，盤面弱勢特徵已經顯現。像這種情況，投資者如果還有籌碼沒有出

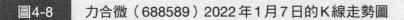

圖4-8　　力合微（688589）2022年1月7日的K線走勢圖

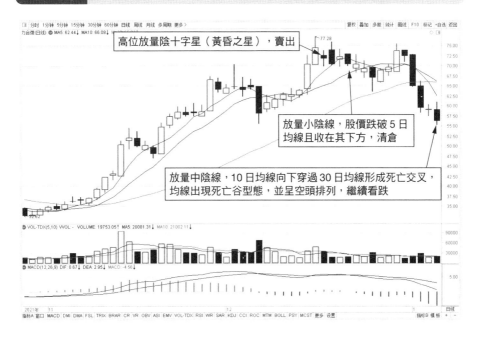

完，為了確保獲利最大化，可以不等5日均線反轉向下，就在次日逢高賣出手中籌碼。

12月22日，該股開高，收出一根小陰線，成交量較前一交易日放大，股價跌破5日均線且收在其下方，5日均線反轉向下，盤面弱勢特徵相當明顯。面對這種情況，投資者如果還有籌碼沒有出完，次日應該逢高清倉。

12月27日，該股開高，股價回落，收出一根錘頭陰K線，成交量較前一交易日放大，股價跌破10日均線且收在其下方，5日均線下穿10日均

線形成死亡交叉，股價弱勢特徵相當明顯，後市看跌。

　　2022年1月4日，該股開高，股價直接回落，收出一根大陰線（斷頭鍘刀），股價向下穿過5日、10日及30日均線，股價依託10日均線反彈，無功而返，5日均線再次向下穿過10日均線形成死亡交叉，30日均線走平，繼續看跌。

　　1月5日，該股開高，股價回落，再次收出一根大陰線，成交量較前一交易日放大，股價跌破30日均線且收在其下方。次日該股開低，股價衝高回落，收出一顆假陽真陰十字星，成交量較前一交易日萎縮，5日均線向下穿過30日均線形成死亡交叉。

　　1月7日，該股以平盤開出，收出一根中陰線，成交量較前一交易日明顯放大，10日均線向下穿過30日均線形成死亡交叉，均線死亡谷型態形成，均線呈現空頭排列，股價弱勢特徵十分明顯，有展開中期下跌調整行情的趨勢，後市繼續看跌。

4-3 中期均線組合：高效解讀單邊、反彈及盤整行情

　　中期均線組合是以10日均線為基準，把週期順勢、差距不大的兩條或兩條以上均線互相搭配，來專門判斷股價中期趨勢的組合型態。用中期均線組合分析研判大盤和個股，比短期均線組合更加準確可靠。

　　兩條均線搭配而成的中期均線組合，一般來說，有10日和60日均線組合、20日和60日均線組合、30日和60日均線組合，主要用於判斷個股的中期發展趨勢和買賣點。當然，還有其他的搭配組合，則不再多列。

　　以下主要分析三條均線搭配而成的中期均線組合及其實戰運用。三條均線搭配的中期均線組合，最常見的有10日、20日、60日均線組合，還有10日、30日、60日均線組合，以及10日、40日、60日均線組合。

　　在中期均線組合的行情上升趨勢中，10日均線作為短期均線充當攻擊線，是多方護盤的核心，否則上升趨勢就可能改變。

　　20日均線作為中期均線，用來判斷市場的支撐位或壓力位。30日均線作為中期均線，其走向代表一種方向和趨勢。40日均線是有些主力機構專門設定的中期參考均線，相比30日均線，能有效判斷行情發展方向和趨勢。

　　60日均線作為中期均線組合中的長期均線，能確認股價中期反轉趨

勢，若上行突破，則代表一波中級行情的到來，可以看多做多，若下行跌破則相反。

中期均線組合專門分析股價中期趨勢的組合型態，與其他週期的均線組合相比，無論是在單邊行情、反彈行情或橫盤震盪行情趨勢中，該均線組合的優勢都更加明顯，趨勢感和方向性更強。

4-3-1 【10、20、60日均線】 10日均線是多方護盤的核心

10日、20日、60日均線組合，是一組穩健、操作性強的中線交易均線組合。在這個組合中，10日均線作為短期均線使用，充當攻擊線，同時代表短線操盤中市場價格的方向和趨勢。

20日均線作為中期均線使用，既有輔助線的作用，可以判斷支撐與壓力，又能把握股價中期運行趨勢和方向，確認中期買賣點。20日均線向上穿過60日均線上行（或穿過60日均線回測20日均線不破），中期趨勢可以看多做多。

60日均線作為長期均線使用，能明確股價中期反轉趨勢，若突破後上行，代表一波大行情的來臨。

圖4-9是萬業企業（600641）2021年5月14日的K線走勢圖。在看盤軟體上將整個K線走勢縮小後可以看出，此時個股處於上升趨勢。股價從前期相對高位，即2020年7月14日最高價30.50元，一路震盪下跌，至2021年3月11日最低價12.18元止穩，下跌時間較短，但跌幅大，期間有過兩次較大幅度的反彈。股價止穩後，主力機構快速推升股價、收集籌碼，然後展開震盪盤升行情。

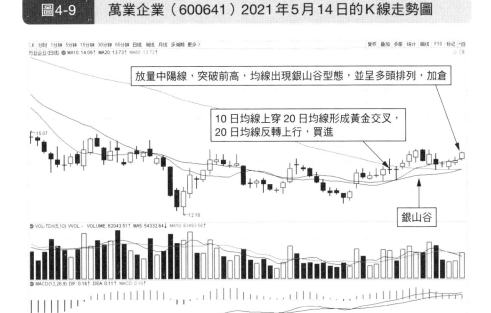

圖4-9　萬業企業（600641）2021年5月14日的K線走勢圖

4月21日，該股開低，收出一根小陽線，成交量較前一交易日萎縮，週轉率只有0.32%。當日10日、20日均線走平，股價收在10日、20日均線上。4月22日，該股以平盤開出，收出一根陽十字星，成交量較前一交易日放大，10日均線反轉上行。

4月26日，該股以平盤開出，收出一顆十字星，成交量與前一交易日持平。當日10日均線向上穿過20日均線形成黃金交叉，20日均線反轉上行。此時，短期均線呈現多頭排列，MACD等技術指標走強，股價強勢特徵開始顯現，投資者可以在當日或次日進場逢低分批買進籌碼。

4月30日，該股開低，收出一根小陽線，突破前高，成交量較前一交易日萎縮，當日10日均線向上穿過60日均線形成黃金交叉。5月6日，該股開高回落，收出一根中陰線，成交量較前一交易日萎縮，展開強勢縮量回檔洗盤行情。

5月14日，萬業企業開高，收出一根中陽線，突破前高，成交量較前一交易日明顯放大，20日均線向上穿過60日均線形成黃金交叉，均線銀山谷型態形成，均線呈現多頭排列，回檔洗盤結束。

此時，MACD、KDJ等技術指標走強，股價強勢特徵已經相當明顯，後市持續快速上漲機率大。像這種情況，投資者可以在當日或次日進場逢低加倉買進籌碼，持股待漲，等待股價出現明顯見頂訊號時賣出。

圖4-10是萬業企業（600641）2022年1月4日的K線走勢圖。從K線走勢可以看出，2021年5月14日，該股開高收出一根放量中陽線，突破前高，20日均線向上穿過60日均線形成黃金交叉，均線銀山谷型態形成，均線呈現多頭排列，回檔洗盤結束，股價強勢特徵相當明顯。

之後，主力機構依託10日均線推升股價，期間展開五次較大幅度的調整行情，時間都是七個交易日以上，且股價都跌破20日均線，但由於60日均線對股價的有力支撐和助漲，股價很快拉回到20日均線上。

從該股的K線走勢可以看出，主力機構採取波段式拉升的操盤手法推升股價，前期洗盤較到位，調倉換股較徹底，雖然走勢比較艱難，但漲幅較大。

11月23日，該股開低，股價衝高回落，收出一根螺旋槳陰K線（高位或相對高位的螺旋槳K線又稱變盤線、轉勢線），成交量相較前一交易日萎縮，顯示股價上漲乏力，主力機構盤中拉高股價的目的是震盪調

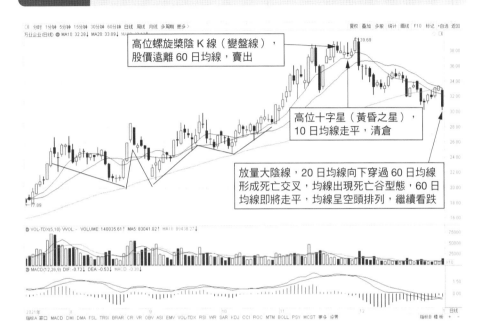

圖4-10　萬業企業（600641）2022年1月4日的K線走勢圖

高位螺旋槳陰K線（變盤線），股價遠離60日均線，賣出

高位十字星（黃昏之星），10日均線走平，清倉

放量大陰線，20日均線向下穿過60日均線形成死亡交叉，均線出現死亡谷型態，60日均線即將走平，均線呈空頭排列，繼續看跌

整出貨。

　　此時股價遠離60日均線且漲幅大，MACD、KDJ等技術指標開始走弱，盤面弱勢特徵已經顯現。這時候，投資者如果還有籌碼沒有出完，為了確保獲利最大化，可以不等10日均線反轉向下，就在次日逢高賣出手中籌碼。

　　11月26日，該股開低，股價衝高回落，收出一顆長上影線陰十字星，成交量與前一交易日大致持平，顯示股價上漲乏力，主力機構盤中拉高股價的目的是震盪調整出貨，當日10日均線走平。這時候，投資者

如果還有籌碼沒有出完，次日應該逢高清倉。

12月1日，該股開低，股價回落，收出一根大陰線（斷頭鍘刀），成交量較前一交易日放大2倍多，股價跌破10日、20日均線且收在20日均線下方，顯露主力機構毫無顧忌打壓出貨的堅決態度，盤面弱勢特徵非常明顯，後市看跌。

12月7日，該股開高，股價回落，收出一根大陰線，成交量較前一交易日大幅放大，10日均線向下穿過20日均線形成死亡交叉。12月29日，該股以平盤開出，收出一顆陰十字星，成交量較前一交易日萎縮，10日均線向下穿過60日均線形成死亡交叉，股價跌破60日均線且收在其下方。

2022年1月4日，萬業企業開低，收出一根大陰線，成交量較前一交易日放大2倍多，20日均線向下穿過60日均線形成死亡交叉，均線死亡谷型態形成。10日和20日均線一直壓制股價下行，60日均線即將走平，均線呈現空頭排列，該股有展開中長期下跌調整行情的趨勢，後市繼續看跌。

圖4-11是賽福天（603028）2021年10月18日的K線走勢圖。將整個K線走勢縮小後可以看出，此時該股處於上升趨勢中。股價從前期相對高位，即2020年10月22日最高價14.86元，一路震盪下跌，至2021年9月28日最低價7.99元止穩，下跌時間較長，跌幅較大，期間有過一次較大幅度的反彈。

在下跌後期，主力機構展開小幅反彈和震盪整理行情，收集不少籌碼建倉。股價止穩後，主力機構強勢整理兩個交易日，正是投資者進場的好時機。此時的10日、20日均線呈現平行（黏合）狀態。

10月8日，該股跳空開高，收出一個大陽線漲停板，突破前高，成交

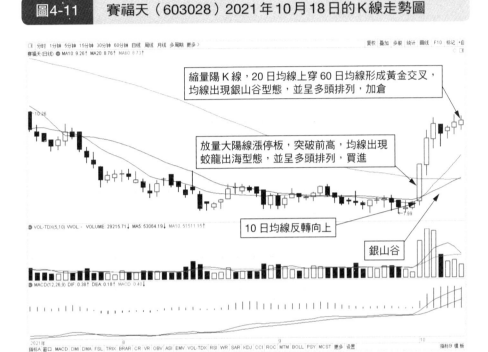

圖4-11　賽福天（603028）2021年10月18日的K線走勢圖

縮量陽K線，20日均線上穿60日均線形成黃金交叉，均線出現銀山谷型態，並呈多頭排列，加倉

放量大陽線漲停板，突破前高，均線出現蛟龍出海型態，並呈多頭排列，買進

10日均線反轉向上

銀山谷

量較前一交易日放大6倍多，形成大陽線漲停K線型態。當日股價向上突破10日、20日及60日均線（一陽穿三線），均線蛟龍出海型態形成，10日均線向上穿過20日均線形成黃金交叉，60日均線即將走平，10日、20日、60日均線呈現多頭排列。

此時，MACD、KDJ等技術指標走強，股價強勢特徵相當明顯，後市上漲機率大。像這種情況，投資者可以在當日搶漲停板或在次日進場逢低買進籌碼。

10月13日，該股開低，股價回落，收出一根長下影線中陰線，成交

量較前一交易日大幅萎縮。當日10日均線向上穿過60日均線形成黃金交叉，股價強勢特徵相當明顯，投資者可以在當日或次日進場，逢低買進籌碼。

10月18日，賽福天開低，收出一根小陽線，突破前高，成交量較前一交易日略有萎縮。當日20日均線向上穿過60日均線形成黃金交叉，均線銀山谷型態形成，均線呈現多頭排列。此時，MACD、KDJ等技術指標走強，股價強勢特徵相當明顯，後市持續上漲機率大。這時候，投資者可以在當日或次日進場逢低加倉買進籌碼。

圖4-12是賽福天（603028）2022年1月27日的K線走勢圖。從K線走勢可以看出，10月18日，該股開低收出一根縮量小陽線，突破前高，20日均線向上穿過60日均線形成黃金交叉，均線銀山谷型態形成，均線呈現多頭排列，股價的強勢特徵相當明顯。

之後，主力機構依託10日均線向上推升股價，期間展開四次較大幅度的調整，時間都在八個交易日以上，有兩次股價跌破20日均線，但很快拉回到20日均線上。從該股K線走勢可以看出，主力機構採取台階式推升手法拉升股價，前期洗盤比較到位，調倉換股比較徹底，雖然走勢比較曲折，但漲幅較大。

12月14日，該股開低，股價衝高回落，收出一顆假陽真陰十字星（高位或相對高位十字星又稱黃昏之星；高位假陽真陰，千萬小心），成交量較前一交易日萎縮，顯示股價上漲乏力，主力機構盤中拉高股價的目的是震盪調整出貨。

此時，股價遠離60日均線且漲幅較大。這時候，投資者如果還有籌碼沒有出完，為了確保獲利最大化，可以不等10日均線反轉向下，就在次日逢高賣出手中籌碼。

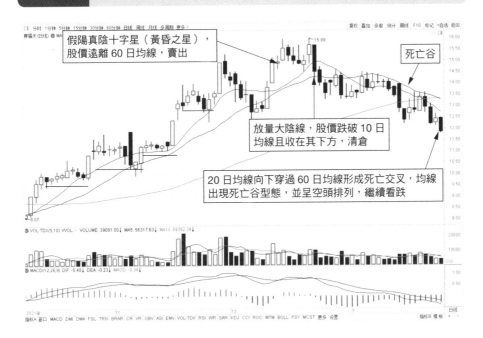

圖4-12　賽福天（603028）2022年1月27日的K線走勢圖

12月23日，該股以平盤開出，收出一根大陰線（斷頭鍘刀），成交量較前一交易日放大，股價跌破10日均線且收在其下方，10日均線走平。此時MACD、KDJ等技術指標已經走弱，盤面弱勢特徵較明顯。這時候，投資者如果還有籌碼沒有出完，次日應該逢高清倉。

12月24日，該股開高，收出一根中陰線，成交量較前一交易日萎縮，股價跌破20日均線且收在其下方，10日均線反轉下行，20日均線走平。12月31日，該股開低，收出一顆長上影線十字星，成交量較前一交易日大幅萎縮，10日均線向下穿過20日均線形成死亡交叉，股價弱勢特

徵十分明顯，後市看跌。

2022年1月24日，該股以平盤開出，收出一根中陰線，成交量較前一交易日萎縮，股價跌破60日均線且收在其下方，10日均線向下穿過60日均線形成死亡交叉，60日均線走平。

1月27日，該股開高，股價回落，收出一根大陰線，成交量較前一交易日萎縮。當日20日均線向下穿過60日均線形成死亡交叉，均線死亡谷型態形成。10日、20日均線一直壓制股價下行，60日均線即將反轉向下，均線呈現空頭排列，該股有展開中長期下跌調整行情的趨勢，後市繼續看跌。

📈 4-3-2 【10、30、60 日均線】 最常用的組合，見效快且成功率高

10日、30日、60日均線組合，在實際操作中被投資者稱為「136均線組合」，是股市最常用、最實用且最具操作性的均線系統之一，也是一組比較穩健、成功率高、見效較快的中線交易均線組合。

在這個均線組合中，10日均線作為短期均線使用，充當攻擊線，同時代表短線操作中市場價格的方向和趨勢。30日均線作為中期均線使用，代表穩定的中期操作趨勢，發揮觀察和把握股價中期運行趨勢和方向的作用，確認中期買賣點。

30日均線向上穿過60日均線上行（或穿過60日均線回測30日均線不破），中期趨勢可看多做多。60日均線作為長期均線使用，能夠明確股價中期反轉趨勢，若突破後上行，則代表一波中級行情的到來，若跌破則相反。

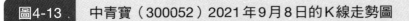

圖4-13 中青寶（300052）2021年9月8日的K線走勢圖

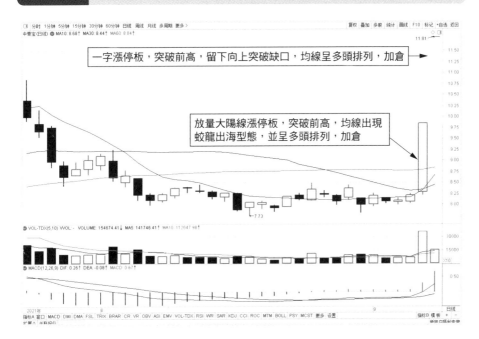

　　圖4-13是中青寶（300052）2021年9月8日的K線走勢圖。將整個K線走勢縮小後可以看出，此時該股處於上升趨勢中。股價從前期相對高位，即2020年2月21日最高價18.27元，一路震盪下跌，至2021年2月4日最低價6.68元止穩，下跌時間長且跌幅大，期間有過多次大幅度的反彈。

　　股價止穩後，主力機構快速推升股價、收集籌碼，然後該股展開大幅震盪盤升行情，主力機構低買高賣賺取價差，獲利與洗盤吸籌並舉，成交量呈現間斷性放大的狀態，期間收出過一個大陽線漲停板，為建倉

型漲停板。震盪盤升期間，10日、30日均線呈現平行或交叉黏合逐漸向上運行，60日均線由向下移動反轉向上移動。

9月7日，該股跳空開高，收出一個大陽線漲停板，突破前高，成交量較前一交易日放大5倍多，形成大陽線漲停K線型態。當日股價向上突破10日、30日及60日均線（一陽穿三線），均線蛟龍出海型態形成。10日均線向上穿過30日均線形成黃金交叉，60日均線反轉向上，10日、30日、60日均線呈現多頭排列。

此時，MACD、KDJ等技術指標走強，股價強勢特徵已經相當明顯，後市上漲機率大。這時候，投資者可以在當日搶漲停板，或在次日進場加倉買進籌碼。

9月8日，主力機構漲停開盤，收出一個一字漲停板，突破前高，成交量較前一交易日大幅萎縮（一字漲停的原因），留下向上突破缺口，形成向上突破缺口和一字漲停K線型態。當日10日均線向上穿過60日均線形成黃金交叉，均線呈現多頭排列。

此時，MACD、KDJ等技術指標持續走強，股價強勢特徵十分明顯，後市持續快速上漲機率大。這時候，投資者可以在當日搶漲停板，或在次日進場加倉買進籌碼。

圖4-14是中青寶（300052）2022年1月21日的K線走勢圖。從K線走勢可以看出，9月8日，該股漲停開盤，收出一個一字漲停板，突破前高，留下向上突破缺口，形成向上突破缺口和一字漲停K線型態，當日10日均線向上穿過60日均線形成黃金交叉，均線呈現多頭排列，股價強勢特徵相當明顯。

之後主力機構依託10日均線推升股價，在上漲過程中，由於股價漲幅大且遠離30日均線，主力機構展開兩次強勢調整洗盤，調整洗盤期間

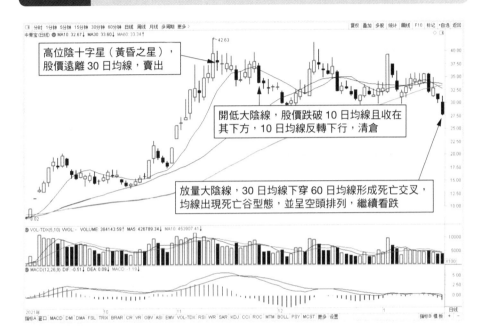

圖4-14　中青寶（300052）2022年1月21日的K線走勢圖

高位陰十字星（黃昏之星），股價遠離30日均線，賣出

開低大陰線，股價跌破10日均線且收在其下方，10日均線反轉下行，清倉

放量大陰線，30日均線下穿60日均線形成死亡交叉，均線出現死亡谷型態，並呈空頭排列，繼續看跌

股價沒有跌破30日均線。9月17日該股展開的強勢調整洗盤行情，時間達十八個交易日，10月21日股價突破且站上10日均線，回檔洗盤行情結束，投資者可以在當日或次日進場加倉買進籌碼。

同樣，10月26日該股展開強勢調整洗盤行情，29日回檔洗盤結束，投資者可以在當日或次日進場加倉買進籌碼。整體來看，該股上漲走勢比較順暢、漲幅大。

11月12日，該股開低，股價衝高回落，收出一顆陰十字星（高位或相對高位十字星又稱黃昏之星），成交量較前一交易日萎縮，顯示股價

上漲乏力，主力機構盤中拉高股價的目的是震盪調整出貨。

此時股價遠離30日均線且漲幅大，KDJ等部分技術指標已經走弱，盤面弱勢特徵比較明顯。這時候，投資者如果還有籌碼沒有出完，為了確保獲利最大化，可以不等10日均線反轉向下，就在次日逢高賣出手中籌碼。

11月25日，該股開低，股價衝高回落，收出一根大陰線（斷頭鍘刀），成交量較前一交易日萎縮，收盤跌幅為10.79％。當日股價跌破10日均線且收在其下方，10日均線反轉下行。此時MACD、KDJ等技術指標已經走弱，盤面弱勢特徵相當明顯。這時候，投資者如果還有籌碼沒有出完，次日應該逢高清倉。

12月8日，該股開低，收出一根中陽線，成交量與前一交易日持平，當日10日均線向下穿過30日均線形成死亡交叉。12月20日，該股開低，股價回落，收出一根大陰線，成交量較前一交易日萎縮，股價跌破30日均線且收在其下方，10日均線再次向下穿過30日均線形成死亡交叉，反彈無功而返，股價弱勢特徵越來越明顯。

2022年1月5日，該股開低，拉出一個大陽線漲停板，成交量較前一交易日放大2倍多。此時，10日均線反轉上行，30日均線走平，應該是主力機構利用盤中拉高、漲停誘多的操盤手法，展開最後的出貨。畢竟主力機構在高位展開震盪整理將近兩個月，手中籌碼已差不多派發完畢。

1月20日，該股跳空開低，收出一根中陰線，成交量較前一交易日萎縮，股價跌破60日均線且收在其下方，10日均線向下穿過60日均線形成死亡交叉，後市看跌。

1月21日，該股跳空開低，收出一根大陰線，成交量較前一交易日放大。當日30日均線向下穿過60日均線形成死亡交叉，均線死亡谷型態形

図4-15　中文在線（300364）2021年11月4日的K線走勢圖

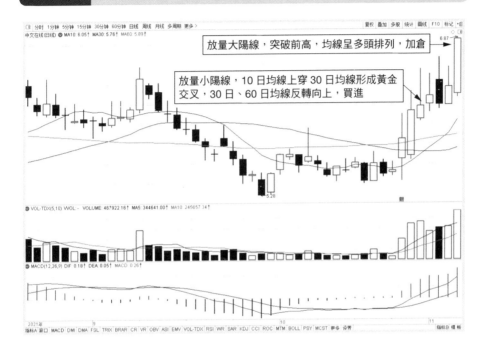

成；10日、30日均線一直壓制股價下行，60日均線反轉向下，均線呈現空頭排列，該股有展開中長期下跌調整行情的趨勢，後市繼續看跌。

圖4-15是中文在線（300364）2021年11月4日的K線走勢圖。將整個K線走勢縮小後可以看出，此時該股處於上升趨勢中。股價從前期相對高位，即2020年7月16日最高價11.44元，一路震盪下跌，至2021年7月28日最低價4.74元止穩，下跌時間較長且跌幅大，期間有過多次大幅度的反彈。

股價止穩後，主力機構快速推升股價、收集籌碼，然後該股展開震

盪盤升行情，成交量呈現間斷性放大的狀態。震盪盤升期間，10日、30日均線多次交叉黏合，60日均線由向下移動反轉向上移動。

10月27日，該股跳空開高，收出一根中陽線，突破前高，成交量較前一交易日放大6倍多，股價突破10日、30日及60日均線且收在其上方，10日、60日均線反轉向上，30日均線即將走平。

10月29日，該股開低，收出一根長上影線小陽線，突破前高，成交量較前一交易日放大。當日10日均線向上穿過30日均線形成黃金交叉，30日、60日均線反轉向上。此時，MACD、KDJ等技術指標開始走強，股價強勢特徵已經比較明顯，後市上漲機率較大。這時候，投資者可以在當日或次日進場買進籌碼。

11月4日，中文在線開低，收出一根大陽線（收盤漲幅為7.54%），突破前高，成交量較前一交易日明顯放大。當日10日均線向上穿過60日均線形成黃金交叉，10日、30日及60日均線呈現多頭排列。

此時，MACD、KDJ等技術指標持續走強，股價強勢特徵十分明顯，後市持續快速上漲機率大。這時候，投資者可以在當日或次日進場加倉買進籌碼，持股待漲，等待股價出現明顯見頂訊號時再賣出。

圖4-16是中文在線（300364）2022年1月25日的K線走勢圖。從K線走勢可以清楚看出，2021年11月4日，該股開低收出一根放量大陽線，突破前高，10日均線向上穿過60日均線形成黃金交叉，10日、30日及60日均線則呈現多頭排列，股價強勢特徵相當明顯。之後主力機構開始推升股價。

從該股上漲情況來看，主力機構依託10日均線拉升股價，在拉升過程中，由於股價漲幅較大，遠離30日均線，主力機構展開兩次時間較長、回檔幅度較大的調整洗盤，兩次回檔洗盤都跌破10日均線，但很快

圖4-16　中文在線（300364）2022年1月25日的K線走勢圖

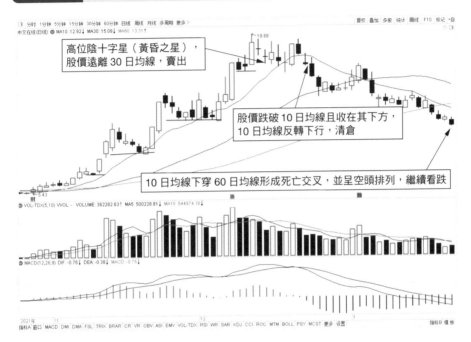

又拉回10日均線上方。

　　11月15日開始的回檔洗盤，時間達五個交易日，11月22日站上10日均線，回檔洗盤結束，投資者可以在當日或次日進場加倉買進籌碼。同樣，11月24日展開的回檔洗盤，時間達九個交易日，12月7日回檔行情結束，投資者可以在當日或次日進場加倉買進籌碼。

　　從該股整體上漲走勢來看，主力機構採取台階式推升的手法拉升股價，除了這兩次時間較長、幅度較大的回檔洗盤外，還有過兩次時間較短、調整幅度較小的強勢調整，整個走勢比較順暢、漲幅大。

12月15日，該股開低，股價衝高回落，收出一顆陰十字星，成交量較前一交易日萎縮，加上前一交易日收出的陰十字星，顯示股價上漲乏力，主力機構已經展開高位震盪調整出貨。

此時，股價遠離30日均線且漲幅較大，MACD、KDJ等技術指標開始走弱，盤面弱勢特徵已經顯現。這時候，投資者如果還有籌碼沒有出完，為了確保獲利最大化，可以不等10日均線反轉向下，就在次日逢高賣出手中籌碼。

12月23日，該股開低，收出一根倒錘頭陰K線，成交量較前一交易日萎縮，股價跌破10日均線且收在其下方，10日均線反轉下行。此時，MACD、KDJ等技術指標已經走弱，盤面弱勢特徵相當明顯。這時候，投資者如果還有籌碼沒有出完，次日應該逢高清倉。

2022年1月6日，該股開低，收出一根大陰線，成交量較前一交易日萎縮，10日均線下穿30日均線形成死亡交叉，股價依託30日均線反彈無功而返，後市看跌。

1月25日，中文在線開低，收出一根中陰線，成交量較前一交易日放大。當日10日均線向下穿過60日均線形成死亡交叉，股價已經跌破60日均線且收在其下方，10日、30日均線一直壓制股價下行，60日均線反轉下行，均線呈現空頭排列，該股有展開中長期下跌調整行情的趨勢，後市繼續看跌。

4-3-3 【10、40、60日均線】 40日均線是主力專設的中期參考線

比起前述兩種均線組合，10日、40日、60日均線組合在操作上更

具穩定性。在這個均線組合中，10日均線作為短期均線使用，充當攻擊線，同時代表短線操作中市場價格的方向和趨勢。40日均線作為中期均線，是一些主力機構專門設定的中期參考均線，相比30日均線，能更有效判斷行情發展方向和趨勢，它代表穩定的中期操作趨勢，觀察股價中期運行趨勢和方向，確認中期買賣點。

40日均線向上穿過60日均線上行（或穿過60日均線回測40日均線不破），中期趨勢可看多做多。60日均線作為長期均線使用，能夠明確股價中期反轉趨勢，若突破後上行，則代表一波中級行情的到來。

圖4-17（見下頁）是寶通科技（300031）2021年9月6日的K線走勢圖。將K線走勢縮小後可以看出，此時該股整體走勢正處於上升趨勢中。股價從前期相對高位，即2020年7月14日最高價30.55元，一路震盪下跌，至2021年8月20日最低價12.88元止穩，下跌時間較長且跌幅大，期間有過多次幅度較大的反彈。在下跌後期，該股展開小幅反彈行情，主力機構收集不少籌碼。此時10日均線已經走平，40日、60日均線開始走平。

8月27日，該股跳空開高，收出一根中陽線（收盤漲幅為7.14％），突破前高，成交量較前一交易日放大2倍多。當日股價突破10日均線且收在其上方，10日均線反轉向上，40日均線走平。此時，MACD、KDJ等技術指標開始走強，股價強勢特徵已經顯現，後市上漲機率大。這時候，投資者可以在當日或次日進場逢低分批買進籌碼。

8月30日，該股大幅跳空開高（向上跳空5.05％開盤），收出一個大陽線漲停板，突破前高，留下向上突破缺口，成交量較前一交易日放大近3倍，形成向上突破缺口和大陽線漲停K線型態。當日股價向上突破40日、60日均線且收在40日、60日均線上方，40日均線反轉上行，60日均

| 圖4-17 | 寶通科技（300031）2021年9月6日的K線走勢圖 |

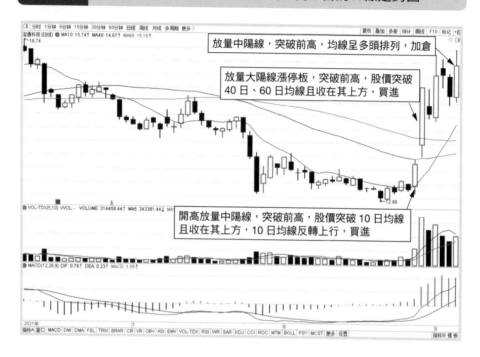

線即將走平。

　　此時，MACD、KDJ等技術指標持續走強，股價強勢特徵相當明顯，後市快速上漲機率大。這時候，投資者可以在當日搶漲停板，或在次日進場逢低買進籌碼。

　　9月1日，該股開低，收出一根大陽線，成交量較前一交易日明顯放大，當日10日均線向上穿過40日均線形成黃金交叉，60日均線走平，股價強勢特徵相當明顯。這時候，投資者可以在當日或次日進場加倉買進籌碼。

　　9月3日，該股開低，收出一根中陰線，成交量較前一交易日萎縮，主力機構強勢調整一個交易日，當日10日均線向上穿過60日均線形成黃金交叉，60日均線開始向上運行，均線呈現多頭排列。

　　9月6日，寶通科技開低，收出一根中陽線，突破前高，成交量較前一交易日明顯放大，回檔洗盤行情結束。此時均線呈現多頭排列，MACD、KDJ等技術指標持續走強，股價強勢特徵非常明顯，後市持續快速上漲機率大。這時候，投資者可以在當日或次日進場加倉買進籌碼，持股待漲，等待股價出現明顯見頂訊號時再賣出。

　　圖4-18（見下頁）是寶通科技（300031）2022年1月20日的K線走勢圖。從K線走勢可以看出，2021年9月6日，該股開低收出一根放量中陽線，突破前高，回檔洗盤結束，均線呈現多頭排列，股價強勢特徵相當明顯。之後主力機構開始推升股價。

　　從該股上漲的情況來看，主力機構依託10日均線向上拉升股價。在拉升過程中，由於股價漲幅較大且遠離40日均線，該股展開過一次大幅度回檔洗盤行情。

　　9月16日，該股開高，股價衝高回落，收出一根長上影線小陰線，展開回檔洗盤行情（行情展開後，投資者可以先賣出手中籌碼，等待回檔結束後再將籌碼買回），長達十八個交易日，股價跌破40日均線，但很快又拉回到40日均線上方。

　　10月21日，該股開高，收出一根小陽線，股價收在10日和40日均線上方，回檔洗盤結束。這裡可以看出，40日均線作為中期均線，相比30日均線，能更好地判斷行情發展方向和趨勢，投資者可以在當日或次日進場加倉買進籌碼。

　　拉升過程中的其他幾次小調整，時間都在二至三個交易日左右，大

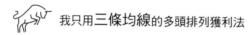

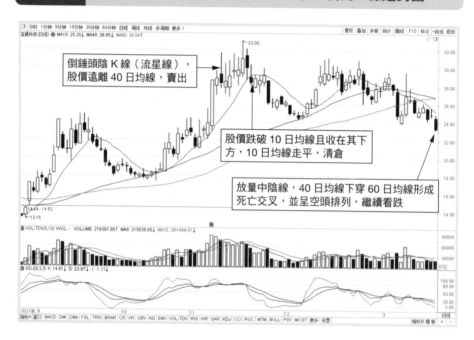

圖4-18　寶通科技（300031）2022年1月20日的K線走勢圖

致都在10日均線上展開，調整走勢強勢，這裡不再細說。

　　11月10日，該股開高，股價衝高回落，收出一根長上影線倒錘頭陰K線，成交量較前一交易日萎縮，加上前一交易日收出的螺旋槳陽K線，顯示股價上漲乏力，主力機構盤中拉高股價的目的是震盪調整出貨。

　　此時股價遠離40日均線且漲幅較大，KDJ等部分技術指標開始走弱，盤面弱勢特徵已經顯現。面對這種情況，投資者如果還有籌碼沒有出完，為了確保獲利最大化，可以不等10日均線反轉向下，就在次日逢高賣出手中籌碼。

　　11月19日，該股開低，股價衝高回落，收出一根長上影線倒錘頭陰K線，成交量較前一交易日萎縮。股價跌破10日均線且收在其下方，10日均線走平。此時MACD、KDJ等技術指標走弱，股價弱勢特徵已經相當明顯。像這種情況，投資者如果手中還有籌碼沒有賣完，次日應該逢高清倉。

　　12月7日，該股開高，收出一顆陽十字星，成交量較前一交易日放大，股價回檔受到40日均線支撐，依託40日均線展開反彈行情。

　　12月27日，該股開低回落，收出一根大陰線，成交量較前一交易日萎縮，股價跌破10日均線，10日均線反轉向下，反彈無功而返（雖然反彈無果，但主力機構透過反彈和震盪調整，大致都將籌碼脫手），股價重新步入下跌走勢。

　　2022年1月7日，該股跳空開低，收出一根大陰線（斷頭鍘刀），成交量較前一交易日明顯放大，股價跌破60日均線且收在其下方，10日均線向下穿過40日均線形成死亡交叉。此時，MACD、KDJ等技術指標持續走弱，股價弱勢特徵已經非常明顯，後市看跌。

　　1月14日，該股開低，收出一根小陽線，成交量較前一交易日萎縮，股價跌破60日均線且收在其下方，當日10日均線向下穿過60日均線形成死亡交叉。

　　1月20日，寶通科技開低，收出一根中陰線，成交量較前一交易日略有放大，當日40日均線向下穿過60日均線形成死亡交叉，均線死亡谷型態形成。此時，10日、40日均線一直壓制股價下行，60日均線反轉向下，均線呈現空頭排列，該股有展開中長期下跌調整行情的趨勢，後市繼續看跌。

　　圖4-19（見下頁）是視覺中國（000681）2021年9月6日的K線走勢

圖4-19　視覺中國（000681）2021年9月6日的K線走勢圖

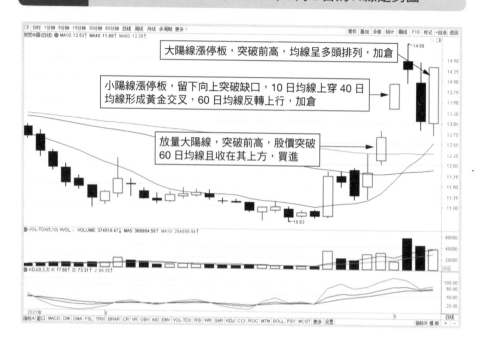

圖。將整個K線走勢縮小後可以看出，此時該股處於上升趨勢中。股價從前期相對高位，即2019年3月12日最高價30.99元，一路震盪下跌，至2021年8月20日最低價10.63元止穩，下跌時間長且跌幅大，期間有過多次幅度較大的反彈。在下跌後期，該股透過展開反彈行情、強勢震盪整理、打壓股價洗盤吸籌等操盤手法，收集不少籌碼。

股價止穩後，主力機構強勢整理兩個交易日，繼續收集籌碼，正是投資者進場買進籌碼的好時機。此時10日均線翹頭向上移動。

8月25日，該股開高，收出一根大陽線（漲幅為8.93％），突破前

高，成交量較前一交易日放大7倍（當日盤中一度漲停，主力機構應該是以漲停方式收集籌碼），股價突破10日均線並收在其上方。8月26日、27日，主力機構連續強勢調整兩個交易日，成交量呈現萎縮狀態，正是投資者進場買進籌碼的好時機。

8月30日，該股開高，收出一根大陽線（收盤漲幅為4.89％），成交量較前一交易日明顯放大，股價突破40日均線且收在其上方，強勢調整洗盤行情結束，投資者可以在當日或次日進場開始分批買進籌碼。

8月31日，該股開高，收出一根大陽線（收盤漲幅為7.20％），突破前高，成交量較前一交易日放大，股價突破60日均線且收在其上方。此時MACD、KDJ等技術指標走強，股價強勢特徵已經顯現，後市上漲機率大。這時候，投資者可以在當日或次日進場買進籌碼。

9月1日，該股大幅跳空開高（向上跳空5.38％開盤），收出一個小陽線漲停板（漲停原因為「智慧財產權」概念炒作），突破前高，留下向上突破缺口，成交量較前一交易日萎縮，形成向上突破缺口和小陽線漲停K線型態。當日10日均線向上穿過40日均線形成黃金交叉，60日均線由走平翹頭上行，股價強勢特徵相當明顯。這時候，投資者可以在當日搶漲停板，或在次日進場加倉買進籌碼。

9月2日，該股跳空開高，股價衝高回落，收出一根假陰真陽十字星，成交量較前一交易日放大3倍多，主力機構展開強勢調整洗盤。

9月3日，該股開低，股價衝高回落，收出一根大陰線，縮量調整洗盤繼續，成交量較前一交易日大幅萎縮。當日收出大陰線，但成交量大幅萎縮，說明即使主力機構打壓洗盤，但賣出籌碼的人還是比前一交易日少，代表主力機構籌碼趨於集中，控盤越來越到位，投資者如果能看清楚這一點，可以在當日收盤前進場加倉買進籌碼。

當日10日均線向上穿過60日均線形成黃金交叉，60日均線開始上行。股價調整期間，正是投資者進場買進籌碼的好時機。

9月6日，視覺中國開低，收出一個大陽線漲停板，突破前高，成交量較前一交易日略有萎縮，形成大陽線漲停K線型態，強勢調整洗盤結束。此時，均線呈現多頭排列，MACD、KDJ等技術指標走強，股價強勢特徵已經非常明顯，後市持續快速上漲機率大。這時候，投資者可以在當日搶漲停板，或在次日進場加倉買進籌碼，然後持股待漲，等待股價出現明顯見頂訊號時再賣出。

圖4-20是視覺中國（000681）2022年2月8日的K線走勢圖。從K線走勢可以看出，2021年9月6日，該股開低收出一個大陽線漲停板，突破前高，均線呈現多頭排列，回檔洗盤行情結束，此時股價強勢特徵相當明顯。之後主力機構開始拉升股價。

從拉升情況來看，主力機構依託10日均線拉升股價，9月7日、8日，連續拉出兩個漲停板。9月9日，該股開低，股價衝高回落跌停，收出一根大陰線，成交量較前一交易日大幅萎縮，展開縮量回檔洗盤行情（行情展開後，投資者可以在當日或次日先賣出手中籌碼，等待回檔結束後再買回），時間長達二十九個交易日，回檔幅度較大，股價三次跌破40日均線，曾一度跌破60日均線，但很快又拉回到40日均線上方。

10月29日，該股以平盤開出，收出一根大陽線漲停板，突破前高，一陽吞五線（一舉吞沒前面五根陰陽K線），成交量較前一交易日放大2倍多，形成大陽線漲停K線型態，回檔洗盤結束。此時，MACD、KDJ等技術指標開始走強，股價強勢特徵已經顯現，投資者可以在當日搶漲停板，或在次日進場加倉買進籌碼。

從中期10日、40日、60日均線組合型態來分析，11月3日，該股開

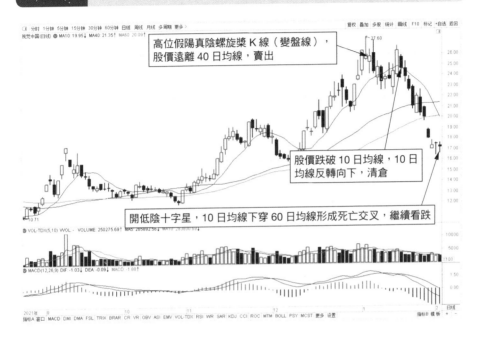

圖4-20　視覺中國（000681）2022年2月8日的K線走勢圖

高位假陽真陰螺旋槳K線（變盤線），股價遠離40日均線，賣出

股價跌破10日均線，10日均線反轉向下，清倉

開低陰十字星，10日均線下穿60日均線形成死亡交叉，繼續看跌

低，收出一根大陽線（漲幅為6.46％），股價突破40日均線且收在其上方，此時均線呈現多頭排列，投資者可以在當日或次日進場加倉買進籌碼。

11月24日，該股開高，股價回落，收出一根長下影線錘頭陰K線，主力機構展開拉升途中的第二次縮量回檔洗盤行情，時間長達十三個交易日，股價跌破10日均線（說明40日均線作為中期均線，有很強的支撐和助漲作用），回檔幅度較大。

12月13日，該股開高，收出一個大陽線漲停板，突破前高，成交量

較前一交易日放大，股價突破且站上10日均線，回檔洗盤結束，投資者可以在當日或次日進場加倉買進籌碼。之後主力機構快速拉升股價。

從該股上漲途中兩次較大的回檔洗盤可以看出，40日均線作為中期均線，相比30日均線，不但具有較強的支撐和助漲作用，還能更好地判斷行情發展方向和趨勢。上漲途中還展開幾次小幅度的調整洗盤行情，都只有二至三個交易日，大致都在10日均線上展開，比較強勢，這裡不再細說。

2022年1月6日，該股開低，股價衝高回落，收出一根假陽真陰小螺旋槳K線，成交量較前一交易日萎縮，加上前一交易日收出的假陽真陰長上影線倒錘頭K線，顯示股價上漲乏力，主力機構盤中拉高股價的目的是震盪調整出貨。

此時股價遠離40日均線且漲幅較大，KDJ等部分指標開始走弱，盤面弱勢特徵已經顯現。面對這種情況，投資者如果還有籌碼沒有出完，為了確保獲利最大化，可以不等10日均線反轉向下，就在次日逢高賣出手中籌碼。

1月18日，該股開低，收出一根大陰線，成交量較前一交易日萎縮，股價跌破10日均線且收在其下方，10日均線反轉下行。此時，MACD、KDJ等技術指標走弱，股價弱勢特徵已經相當明顯。這時候，投資者如果還有籌碼沒有出完，次日應該逢高清倉。

1月25日，該股開低，收出一根大陰線，成交量較前一交易日放大，股價跌破40日均線且收在其下方，40日均線反轉下行。1月27日，該股大幅跳空開低，收出一根跌停大陰線，留下向下突破缺口，成交量較前一交易日放大，股價跌破60日均線且收在其下方。

1月28日，該股大幅跳空開低，收出一根假陽真陰倒錘頭K線，再次

留下向下突破缺口，成交量較前一交易日放大，當日10日均線向下穿過40日均線形成死亡交叉，40日均線走平，後市看跌。

2月8日，視覺中國開低，股價回落，收出一顆陰十字星，成交量較前一交易日放大，當日10日均線向下穿過60日均線形成死亡交叉，40日、60日均線即將反轉下行。此時MACD、KDJ等技術指標走弱，股價弱勢特徵已經非常明顯，後市繼續看跌。

4-4 採取長期均線組合，為大波段操作提前準備

　　長期均線組合是以30日（或60日）均線為基準，搭配週期順勢、差距不大的兩條或兩條以上均線，用來分析、判斷大盤或個股長期趨勢的均線組合型態。用長期均線組合來分析大盤和個股，比中期均線組合更穩定和可靠，但滯後性的缺陷也更明顯，特別是買賣訊號的滯後會更加突出。

　　將兩條均線搭配的長期均線組合，一般有30日和120日均線組合、30日和250日均線組合，以及60日和250日均線組合，多用來判斷長期買賣點。還有其他很多搭配組合不再多列，這裡我們主要分析三條均線搭配的長期均線組合及其實戰運用。

　　三條均線搭配而成的長期均線組合，最常見的是30日、60日、120日均線組合，還有30日、60日、250日均線組合，以及60日、120日、250日均線組合。

　　在長期均線組合的上漲行情趨勢中，30日（或60日）均線作為短期均線充當攻擊線，是多方護盤的核心，否則上升趨勢就可能改變。60日（或120日）均線作為中期均線可充當輔助線，用來判斷市場的支撐位或壓力位。

　　120日（或250日）均線作為長期均線使用，趨勢性強，其走向代表一種方向和趨勢。120日（或250日）均線作為長期均線，能夠揭示股價長期趨勢，若上行突破，則代表一波牛市行情的到來，可以看多做多，若下行跌破則相反。

4-1-1 【30、60、120日均線】穩健又實用，30日均線當攻擊線

　　30日、60日、120日均線組合，嚴格地說是一組中長期均線組合，也是一組運行穩健、操作性強的長線交易均線組合。

　　在這個均線組合中，30日均線作為短期均線使用，充當攻擊線，同時代表短線操作中市場價格的方向和趨勢。60日均線作為中期均線使用，既有輔助線的作用，用於判斷支撐與壓力，也能觀察股價長期運行趨勢和方向，確認長期買賣點。

　　如果股價在成交量配合下，向上突破30日、60日及120日均線上行（或回檔不破30日均線），長期趨勢可以看多做多。120日均線作為長期均線使用，能揭示股價長期趨勢，若股價突破後向上運行，則代表一波大行情的來臨。

　　圖4-21（見下頁）是東軟集團（600718）2021年11月30日的K線走勢圖。在看盤軟體上將整個K線走勢縮小後可以看出，此時個股處於上升趨勢中。股價從前期相對高位，即2019年3月11日最高價17.30元，一路震盪下跌，至2021年5月11日最低價8.78元止穩，下跌時間長且跌幅大，期間有多次大幅度的反彈。

　　股價止穩後，主力機構快速推升股價、收集籌碼，然後該股展開大

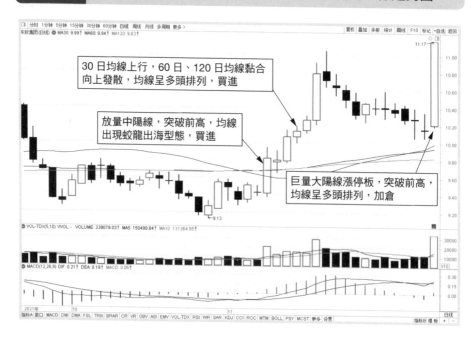

圖4-21　　東軟集團（600718）2021年11月30日的K線走勢圖

幅震盪盤升行情，主力機構低買高賣賺取價差，獲利與洗盤吸籌並舉。震盪盤升期間，成交量呈現間斷性放大的狀態，30日、60日、120日均線呈現平行或交叉黏合狀態，60日、120日均線由走平逐漸翹頭向上平滑移動。

11月5日，該股開低，收出一根大陽線，突破前高，成交量較前一交易日放大3倍多。當日股價向上突破30日、60日及120日均線（一陽穿三線），均線蛟龍出海型態形成，股價突破且收在30日、60日及120日均線上方。

　　此時，MACD、KDJ等技術指標開始走強，股價的強勢特徵已經顯現，後市上漲的機率大。像這種情況，投資者可以在當日或次日進場逢低分批買進籌碼。

　　11月10日，該股以平盤開出，收出一根小陽線，突破前高，成交量較前一交易日萎縮，30日均線翹頭向上移動，60日、120日均線由黏合上行轉為黏合向上發散，均線呈現多頭排列，股價強勢特徵已經相當明顯，投資者可以在當日或次日進場逢低買進籌碼。

　　11月12日，該股以平盤開出，收出一根大陽線，成交量較前一交易日放大2倍多，突破前高，這時候股價漲幅較大，並且遠離30日均線。11月15日，該股開高，股價衝高回落，收出一根長上影線螺旋槳陰K線，成交量較前一交易日明顯萎縮，展開縮量回檔洗盤行情，等待均線向上靠攏。

　　11月19日，該股開高，收出一根小陽線，成交量較前一交易日萎縮，回檔洗盤繼續。當日30日均線向上穿過120日均線，形成黃金交叉。11月26日，該股開高，收出一顆十字星，成交量較前一交易日放大，當天的30日均線向上穿過60日均線形成黃金交叉，均線呈現多頭排列，回檔洗盤大致到位，投資者可以在當日或次日進場逢低買進籌碼。

　　11月30日，東軟集團開高，收出一個大陽線漲停板，突破前高（一陽吞沒之前十一根陰陽K線），成交量較前一交易日放大3倍多，形成大陽線漲停K線型態，回檔洗盤結束。

　　此時，均線呈現多頭排列，MACD、KDJ等技術指標開始走強，股價強勢特徵已經非常明顯，後市持續快速上漲機率大。面對這種情況，投資者可以在當日搶漲停板，或在次日進場加倉買進籌碼，然後持股待漲，等待股價出現明顯見頂訊號時再賣出。

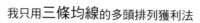

圖4-22　東軟集團（600718）2022年3月15日的K線走勢圖

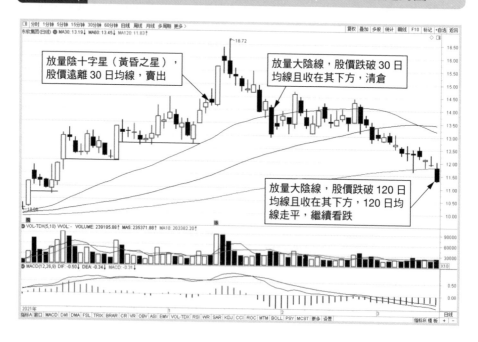

放量陰十字星（黃昏之星），股價遠離30日均線，賣出

放量大陰線，股價跌破30日均線且收在其下方，清倉

放量大陰線，股價跌破120日均線且收在其下方，120日均線走平，繼續看跌

　　圖4-22是東軟集團（600718）2022年3月15日的K線走勢圖。從K線走勢可以看出，2021年11月30日，該股開高，收出一個巨量大陽線漲停板，突破前高，形成大陽線漲停K線型態，均線呈現多頭排列，股價強勢特徵相當明顯。之後，主力機構開始拉升股價。

　　從拉升情況來看，主力機構依託30日均線，採取台階式推升的操盤手法拉升股價。在上漲過程中，由於股價漲幅較大且遠離30日均線，期間該股展開四次時間長短、幅度大小皆不同的調整洗盤行情，但調整洗盤都沒有跌破30日均線，30日均線發揮較強的支撐和助漲作用。整個上

漲走勢比較順暢，漲幅較大。

2022年1月13日，該股開高，股價衝高回落，收出一顆陰十字星，成交量較前一交易日放大，加上前一交易日收出的一根小螺旋槳陽K線，這代表股價上漲乏力，而且主力機構盤中拉高股價的目的是震盪調整出貨。

此時股價離30日均線較遠且漲幅較大，MACD、KDJ等技術指標有走弱跡象，盤面弱勢特徵開始顯現。這時候，由於30日均線更加滯後，投資者如果還有籌碼沒有出完，為了確保獲利最大化，可以不等30日均線走平或反轉向下，就在次日逢高賣出籌碼。

1月27日，該股開低，收出一根大陰線（收盤跌幅為8.87%），成交量較前一交易日明顯放大，股價跌破30日均線且收在其下方。此時，MACD、KDJ等技術指標走弱，股價弱勢特徵已經相當明顯。這時候，投資者如果還有籌碼沒有出完，次日應該逢高清倉。

2月18日，該股開低，收出一根小陽線，成交量較前一交易日萎縮，當日30日均線走平。2月28日，該股開低，收出一根大陰線，成交量較前一交易日放大，當日股價跌破60日均線並收在其下方，30日均線反轉下行，後市看跌。

3月10日，該股開高，收出一根小陰線，成交量較前一交易日萎縮，當日30日均線向下穿過60日均線形成死亡交叉，60日均線反轉下行，盤面弱勢特徵非常明顯，跌勢不減。

3月15日，東軟集團開低，收出一根大陰線，成交量較前一交易日放大，股價跌破120日均線且收在其下方，120日均線走平，30日、60日均線一直壓制股價下行，均線呈現空頭排列，個股仍處於弱勢下跌中，後市繼續看跌。

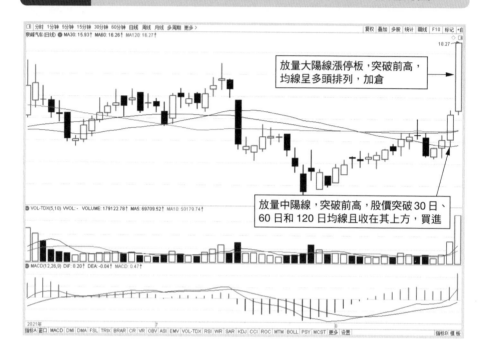

圖4-23　泉峰汽車（603982）2021年8月23日的K線走勢圖

放量大陽線漲停板，突破前高，均線呈多頭排列，加倉

放量中陽線，突破前高，股價突破30日、60日和120日均線且收在其上方，買進

　　圖4-23是泉峰汽車（603982）2021年8月23日的K線走勢圖。在看盤軟體上將整個K線走勢縮小後可以看出，此時該股處於長期橫盤震盪後的反彈趨勢。

　　股價從前期相對高位，即2020年5月19日最高價28.13元，連續急跌至5月25日最低價17.17元止穩（當日股價收在120日均線上方），然後該股展開大幅度橫盤震盪行情，主力機構低買高賣賺取價差，獲利與洗盤吸籌並舉，以洗盤吸籌為主。期間成交量呈現間斷性放（縮）量，30日、60日及120日均線逐漸呈現平行交叉黏合的態勢。

2021年1月6日，該股開低，股價衝高回落，收出一根長上影線倒錘頭陽K線，成交量較前一交易日放大，再次展開連續急跌打壓股價洗盤吸籌行情，至1月13日最低價15.10元止穩，股價再下一個台階。

此時股價跌破30日、60日及120日均線，均線呈現空頭排列。股價止穩後，該股展開新一級台階大幅橫盤震盪行情，主力機構低買高賣賺取價差，獲利與洗盤吸籌並舉，以洗盤吸籌為主。

橫盤震盪洗盤吸籌期間，成交量呈現間斷性放（縮）量，30日、60日及120日均線逐漸呈平行交叉（黏合）的態勢。兩次大幅度橫盤震盪洗盤吸籌行情持續時間長，主力機構洗盤吸籌充分，控盤比較到位。

8月5日，該股開低，收出一顆陰十字星，成交量較前一交易日萎縮，當日30日、60日、120日三條均線黏合。

8月20日，該股開高，收出一根中陽線，突破前高，成交量較前一交易日放大2倍多，股價突破30日、60日、120日均線且收在其上方，30日均線即將走平。

此時，MACD、KDJ等技術指標開始走強，股價的強勢特徵已經顯現，後市上漲的機率大。面對這種情況，投資者可以在當日或次日進場買進籌碼。

8月23日，泉峰汽車跳空開高，收出一個大陽線漲停板，突破前高，成交量較前一交易日放大2倍多，形成大陽線漲停K線型態。當日股價收在30日、60日、120日均線上方。

此時均線呈現多頭排列，MACD、KDJ等技術指標持續走強，股價強勢特徵已經非常明顯，後市持續快速上漲機率大。像這種情況，投資者可以在當日或次日進場加倉買進籌碼，然後持股待漲，等待股價出現明顯見頂訊號時再賣出。

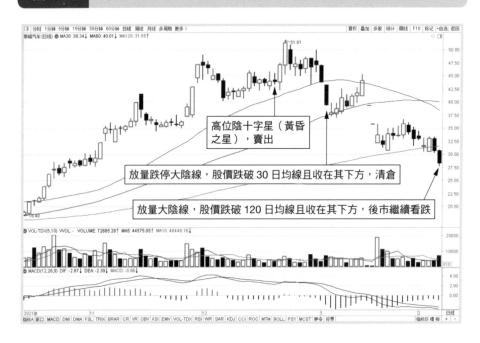

圖4-24　泉峰汽車（603982）2022年2月11日的K線走勢圖

　　圖4-24是泉峰汽車（603982）2022年2月11日的K線走勢圖。從K線走勢可以看出，2021年8月23日，該股開高收出一個放量大陽線漲停板，突破前高，形成大陽線漲停K線型態，當日股價收在30日、60日、120日均線上方，均線呈現多頭排列，股價強勢特徵相當明顯。之後主力機構開始拉升股價。

　　從拉升情況來看，主力機構採取波段式推升的操盤手法，依託30日均線拉升股價。在拉升過程中，因為股價漲幅較大且遠離30日均線，期間該股展開過三次時間較長、幅度較大的回檔洗盤行情，有一次回檔洗

盤跌破30日均線，但由於60日均線的強力支撐，股價很快拉回到30日均線上方。

9月13日，該股以平盤開出，股價回落，收出一顆陰十字星，成交量較前一交易日萎縮，展開縮量回檔洗盤行情（回檔洗盤開始後，投資者可以先賣出手中籌碼，等待回檔結束後再買回），主要目的是清洗獲利盤，繼續收集籌碼，回檔洗盤時間長達十七個交易日，股價跌破30日均線。

10月18日，該股開低，收出一根中陽線，突破前高，股價突破30日均線且收在其上方，此時均線呈現多頭排列，股價強勢特徵開始顯現，投資者可以在當日或次日進場買進籌碼。

10月19日，該股開低，收出一個大陽線漲停板，突破前高，成交量較前一交易日明顯放大，形成大陽線漲停K線型態。此時，均線呈多頭排列，MACD、KDJ等技術指標已經走強，股價的強勢特徵非常明顯，後市持續快速上漲機率大。這時候，投資者可以在當日或次日進場加倉買進籌碼。

其他兩次回檔洗盤，即11月15日和12月1日展開的回檔洗盤行情，調整時間都達到九個交易日，但回檔沒有跌破30日均線，調整幅度也不大。投資者可以在回檔洗盤到位的當日或次日，進場逢低加倉買進籌碼。從該股K線走勢來看，整個上漲走勢還算順暢，漲幅可觀。

12月21日，該股開高，股價衝高回落，收出一顆陰十字星，成交量較前一交易日萎縮，加上前四個交易日收出帶上下影線的陰陽小K線，顯示股價上漲乏力，主力機構高位震盪整理的目的是震盪出貨。

此時股價離30日均線較遠且漲幅較大，MACD、KDJ等技術指標開始走弱，盤面弱勢特徵已經顯現。像這種情況，由於30日均線的滯後性

更強，投資者若還有籌碼沒有出完，為了確保獲利最大化，可以不等30日均線走平或反轉向下，就在次日逢高賣出手中籌碼。

實際操作中，考慮到中長期均線的滯後性更強，投資者可以在K線型態出現明顯見頂訊號時（結合成交量分析），賣出手中籌碼。比方說，該股2021年12月1日後出現的高位陰陽十字星、陰陽螺旋槳K線，都是賣出訊號。

2022年1月5日，該股跳空開低，收出一根跌停大陰線，留下向下跳空突破缺口，成交量較前一交易日大幅放大，股價跌破30日均線且收在其下方，30日均線即將走平。此時，MACD、KDJ等技術指標走弱，股價弱勢特徵已經非常明顯。這時候，投資者如果還有籌碼沒有出完，次日應該逢高清倉。

1月17日、18日，該股連續收出兩個一字跌停板，成交量呈現萎縮狀態，股價跌破60日均線且收在其下方，30日均線反轉向下，盤面弱勢特徵特別明顯，後市看跌。

2月8日，該股大幅跳空開低，收出一顆假陽真陰十字星，成交量較前一交易日大幅放大，當日30日均線向下穿過60日均線形成死亡交叉，60日均線反轉向下，跌勢不減。

2月11日，泉峰汽車開高，股價回落，收出一根大陰線（收盤跌幅為7.71％），成交量較前一交易日放大，當日股價跌破120日均線且收在其下方，120日均線即將走平。此時，30日、60日均線一直壓制股價下行，均線再次呈現空頭排列，個股仍處於弱勢下跌中，後市繼續看跌。

📈 4-4-2 【30、60、250 日均線】
研判大型股走勢的效果顯著

30日、60日、250日均線組合與前述均線組合的差別，只是把作為支撐與壓力線的長期均線由半年線換成年線。但在實際操作中，因為250日均線屬於年線、週期長，所以在研判個股（尤其是大型股）的走勢時，效果會比120日均線更加明顯。

在這個均線組合中，30日均線作為短期均線使用，充當攻擊線，同時代表短線操作中市場價格的方向和趨勢。60日均線作為中期均線使用，既有輔助線的作用，用於判斷支撐與壓力，也可以觀察股價長期運行趨勢和方向，確認長期買賣點。

如果股價在成交量的配合下，向上突破30日、60日及250日均線上行（或回檔不破30日均線），長期趨勢可以看多做多。250日均線作為長期均線，能揭示股價長期趨勢，是牛熊走勢的分界線，經常用於判斷個股走勢的牛熊轉換。如果250日均線的運用與波浪理論相結合，對個股走勢的分析研判，效果會更好。

圖4-25（見下頁）是海辰藥業（300584）2022年1月11日的K線走勢圖。將整個K線走勢縮小後可以看出，此時該股處於高位下跌後的反彈趨勢。股價從前期高位，即2018年4月4日最高價69.90元，一路震盪下跌，至2021年10月28日最低價14.93元止穩，下跌時間長且跌幅大，期間有過多次大幅度的反彈。在下跌後期，主力機構透過小幅反彈、橫盤震盪整理，以及打壓股價洗盤吸籌，收集不少籌碼。

在股價止穩後，該股展開小幅震盪盤升行情，主力機構繼續收集籌碼，K線走勢呈現紅多綠少、紅肥綠瘦的態勢，個股底部逐漸抬高。股

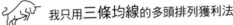

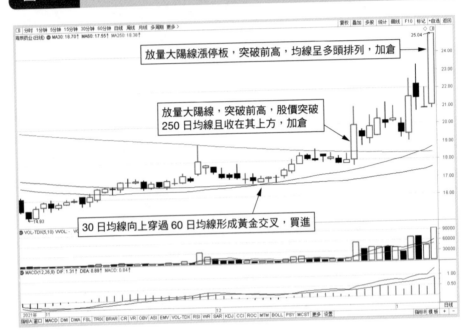

圖4-25　海辰藥業（300584）2022年1月11日的K線走勢圖

價震盤升期間，30日和60日均線由下行逐漸走平。

12月9日，該股開低，收出一根小陽線，成交量與前一交易日大致持平，當日30日均線向上穿過60日均線形成黃金交叉，盤面強勢特徵開始顯現。這時候，投資者可以在當日或次日進場逢低分批買進籌碼。

12月27日，該股開高，收出一根大陽線（漲幅為10.85％），突破前高，成交量較前一交易日放大6倍多，當日股價向上突破250日均線且收在其上方，250日均線即將走平。

此時，MACD、KDJ等技術指標走強，股價強勢特徵已經顯現，後

市上漲機率大。像這種情況，投資者可以在當日或次日進場加倉買進籌碼。之後主力機構開始拉升股價。

2022年1月11日，海辰藥業開高，收出一個大陽線漲停板（漲停原因為「醫藥＋幽門螺旋桿菌」概念炒作），突破前高，成交量較前一交易日放大2倍多，形成大陽線漲停K線型態。

此時，30日均線已經上穿250日均線形成黃金交叉，均線呈現多頭排列，MACD、KDJ等技術指標持續走強，股價強勢特徵非常明顯，後市持續快速上漲機率大。面對這種情況，投資者可以在當日搶漲停板，或是在次日進場加倉買進籌碼，然後持股待漲，等待股價出現明顯見頂訊號時再賣出。

圖4-26（見下頁）是海辰藥業（300584）2022年4月27日的K線走勢圖。從K線走勢可以看出，2022年1月11日，該股開高，收出一個放量大陽線漲停板，突破前高，形成大陽線漲停K線型態，30日均線上穿250日均線形成黃金交叉，均線呈現多頭排列，股價強勢特徵相當明顯。之後主力機構依託30日均線拉升股價。

從拉升情況來看，1月12日，該股大幅跳空開高，再次收出一個大陽線漲停板（從當日的分時走勢來看，投資者當日有機會買進籌碼），突破前高，留下向上跳空突破缺口，成交量較前一交易日萎縮，形成向上突破缺口和大陽線漲停K線型態。

2月13日，該股繼續大幅跳空開高，收出一根大陽線（漲幅為14.81％），突破前高，再次留下向上跳空突破缺口。此後主力機構採取邊拉升邊洗盤的操盤手法（主要為了突破2018年5月29日、2019年8月16日、2020年8月4日的下跌密集成交區），一步一步推升股價，股價呈現震盪盤升的走勢。

圖4-26 海辰藥業（300584）2022年4月27日的K線走勢圖

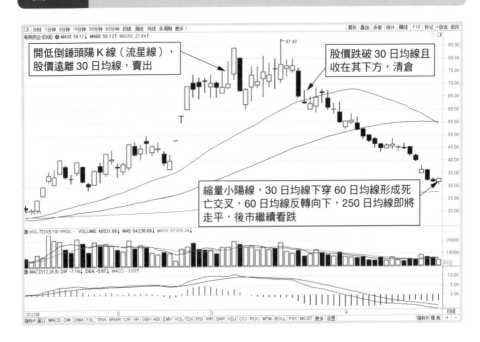

2月14日，該股開高，收出一根假陰真陽十字星，成交量較前一交易日萎縮，展開縮量回檔洗盤行情，回檔洗盤持續四個交易日，回檔幅度不大，股價沒有跌破30日均線。

2月18日，該股大幅開低（向下跳空6.39％開盤），收出一根小陽線，股價止穩，投資者可以在當日或次日進場買進籌碼。之後，主力機構快速拉升股價，連續拉出三個漲停板（60％的漲幅），整個拉升行情還算順暢、漲幅大。

3月4日，該股開低，股價衝高回落，收出一根長上影線倒錘頭陽K

線，成交量與前一交易日大致持平，加上前六個交易日收出帶上下影線的陰陽小K線，顯示股價上漲乏力，而且主力機構高位震盪整理的目的是出貨。

　　此時股價離30日均線較遠且漲幅大，MACD、KDJ等技術指標開始走弱，盤面弱勢特徵已經顯現。這時候，由於30日均線的滯後性更強，投資者如果還有籌碼沒有出完，為了確保獲利最大化，可以不等30日均線走平或反轉向下，就在次日逢高賣出手中籌碼。

　　3月23日，該股開低，收出一根倒錘頭陰K線，成交量較前一交易日明顯萎縮，股價跌破30日均線且收在其下方。此時，MACD、KDJ等技術指標持續走弱，股價弱勢特徵已經相當明顯。這時候，投資者如果還有籌碼沒有出完，次日應該逢高清倉。之後股價展開三個交易日的小幅反彈，然後開始加速下跌。

　　4月8日，該股開高，收出一根中陰線，成交量較前一交易日放大，股價跌破60日均線且收在下方，此時30日均線反轉下行，跌勢不減。

　　4月27日，海辰藥業開低，收出一根小陽線，成交量較前一交易日萎縮，當日30日均線向下穿過60日均線形成死亡交叉，60日均線反轉向下，250日均線即將走平。此時股價差不多回到起點，但是下跌走勢仍將繼續。

　　圖4-27（見下頁）是海辰藥業（300584）2022年1月12日開盤後至9：36的分時截圖。這是該股主力機構在1月11日收出一個放量大陽線漲停板的次日（第二個大陽線漲停板）早盤，當日成交量較前一交易日大幅萎縮。

　　從分時截圖來看，該股當日大幅開高（向上跳空6.07％開盤），透過兩個波段，在9：35封上漲停板。再聚焦到這五分鐘，開盤後成交量迅

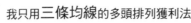

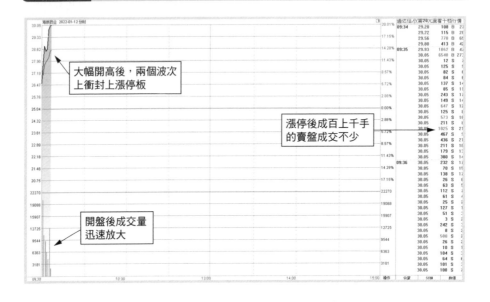

圖4-27　海辰藥業（300584）2022年1月12日的分時截圖

速放大，盤面右邊的成交明細顯示，9：35封上漲停板後，有不少成百上千手以上的大賣單成交，何況從開盤至漲停，還有五分鐘的進場時間。

如果投資者當日有意想進場買進籌碼，只要是在開盤後迅速掛單，或是以漲停價掛買單跟進，都能成功買進。

圖4-28是台華新材（603055）2021年8月12日的K線走勢圖。將整個K線走勢縮小後可以看出，此時該股處於上升趨勢中。股價從前期相對高位，即2018年6月1日最高價18.20元，一路震盪下跌，至2021年2月8日最低價4.89元止穩，下跌時間長且跌幅大，期間有過多次大幅度的反彈。在下跌後期，主力機構透過打壓股價吸籌，收集不少籌碼建倉。

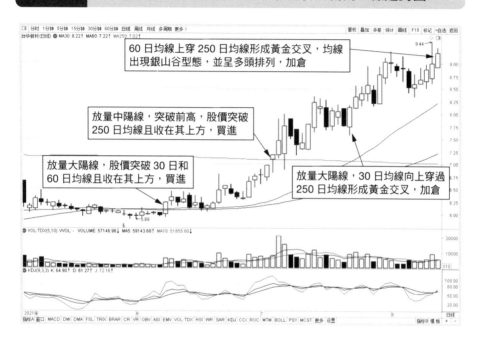

圖4-28　台華新材（603055）2021年8月12日的K線走勢圖

　　股價止穩後，該股展開震盪盤升行情，主力機構低買高賣賺取價差，獲利與洗盤吸籌並舉，期間拉出過一個大陽線漲停板，為吸籌建倉型漲停板。在震盪盤升期間，成交量呈現間斷性放大的狀態，30日、60日均線呈現平行交叉黏合狀態，250日均線由下行逐漸走平，該股整體走勢仍呈現上升趨勢。

　　5月27日，該股開低，收出一根小陽線，成交量較前一交易日萎縮（週轉率只有0.17%），當日30日均線與60日均線呈現黏合狀態。

　　6月8日，該股開高，收出一根大陽線，突破前高，成交量較前一交

易日放大3倍多，股價向上突破且收在30日和60日均線上方，盤面強勢特徵開始顯現。面對這種情況，投資者可以在當日或次日，進場逢低分批買進籌碼。

6月22日，該股開高，收出一根長上影線大陽線，成交量較前一交易日放大4倍多，當日30日、60日均線由平行（黏合）翹頭向上發散，250日均線即將走平，股價逐步上行。

7月5日，該股開高，收出一根長下影線中陽線，成交量較前一交易日明顯放大，股價向上突破250日均線且收在其上方。此時MACD、KDJ等技術指標走強，股價強勢特徵已經顯現，後市上漲機率大。這時候，投資者可以在當日或次日進場加倉買進籌碼。

7月22日，該股開低，收出一根大陽線，成交量較前一交易日放大2倍多，當日30日均線向上穿過250日均線形成黃金交叉，股價強勢特徵已經非常明顯，投資者可以在當日或次日進場加倉買進籌碼。

8月12日，台華新材開低，收出一根中陽線，突破前高，成交量較前一交易日萎縮。此時，60日均線已經上穿250日均線形成黃金交叉，均線銀山谷型態已經形成，250日均線由平行翹頭向上移動，均線呈現多頭排列，MACD、KDJ等技術指標走強，股價強勢特徵已經十分明顯。

面對這種情況，投資者可以在當日或次日進場加倉買進籌碼，然後持股待漲，等待股價出現明顯見頂訊號時再賣出。

圖4-29是台華新材（603055）2022年3月15日的K線走勢圖。從K線走勢可以看出，2021年8月12日，該股開低收出一根中陽線，突破前高，60日均線向上穿過250日均線形成黃金交叉，均線銀山谷型態形成，250日均線由平行翹頭向上移動，均線呈現多頭排列，股價強勢特徵相當明顯。之後主力機構依託30日均線拉升股價。

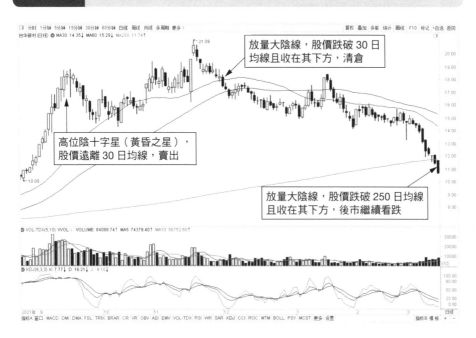

圖4-29　台華新材（603055）2022年3月15日的K線走勢圖

放量大陰線，股價跌破 30 日均線且收在其下方，清倉

高位陰十字星（黃昏之星），股價遠離 30 日均線，賣出

放量大陰線，股價跌破 250 日均線且收在其下方，後市繼續看跌

　　在拉升過程中，由於股價漲幅較大且遠離30日均線，同時為了讓主力機構洗盤補倉，該股展開過一次強勢調整行情。8月19日，該股開高，股價衝高回落，收出一根中陰線，成交量較前一交易日萎縮，展開強勢縮量調整（整理）洗盤行情，投資者可以在當日或次日先賣出手中籌碼（當然可以持股觀察一至二個交易日再做決定），等待股價調整到位後，再將籌碼買回。

　　8月25日，該股開低，收出一根大陽線，突破前高，成交量較前一交易日明顯放大，縮量強勢調整（整理）洗盤行情結束。此時，均線呈現

多頭排列，MACD、KDJ等技術指標走強，股價的強勢特徵已經非常明顯，後市持續快速上漲機率大。

像這種情況，投資者可以在當日或次日進場加倉買進籌碼。之後，主力機構快速拉升股價，整個走勢乾淨順暢、漲幅可觀。

9月15日，該股開低，股價衝高回落，收出一顆長下影線陰十字星，成交量與前一交易日大致持平，加上前一交易日收出陽十字星，顯示股價上漲乏力，主力機構盤中拉高股價的目的是出貨。

此時股價遠離30日均線且漲幅大，MACD、KDJ等技術指標開始走弱，盤面弱勢特徵已經顯現。由於30日均線的滯後性，投資者若還有籌碼沒有出完，為了確保獲利最大化，可以不等30日均線走平或反轉向下，就在次日逢高賣出手中籌碼。此後，該股展開高位震盪整理，主力機構的目的仍然是出貨。

12月1日，該股開低，收出一根大陰線，成交量較前一交易日放大，當日股價跌破30日均線且收在其下方，MACD、KDJ等技術指標已經走弱，盤面弱勢特徵相當明顯。這時候，投資者如果還有籌碼沒有出完，次日應該逢高清倉。

12月3日，該股開低，收出一根中陰線，成交量較前一交易日明顯放大，股價跌破60日均線且收在其下方，30日均線走平，股價弱勢特徵已經非常明顯，跌勢不減。

12月13日，該股開低，收出一根中陰線，成交量較前一交易日明顯放大，當日30日、60日均線反轉下行。12月30日，該股以平盤開出，收出一根中陽線，成交量與前一交易日大致持平，當日30日均線向下穿過60日均線形成死亡交叉。

2022年3月15日，台華新材開高，收出一根大陰線，當日股價跌破

250日均線且收在其下方，250日均線即將走平，該股仍處於弱勢下跌中，下跌走勢將會繼續。

📊 4-4-3 【60、120、250 日均線】
適用於主力操盤跌幅大的低價股

相較於30日、60日、250日均線組合，60日、120日、250日均線組合把短期均線換成60日均線，把中期均線換成120日均線，週期變長，支撐與壓力相對放寬，更有利於判斷股價的長期趨勢。

實戰操作中，120日均線的週期長，趨勢一旦形成，短期內難以改變，主力機構不易騙線，所以是股價的脊樑線、靈魂線。

在這個均線組合中，60日均線作為短期均線使用，充當攻擊線，同時代表短線操作市場價格中的方向和趨勢。120日均線作為中期均線使用，既有輔助線的作用，用於判斷支撐與壓力，又可以觀察股價長期運行趨勢和方向，確認長期買賣點。如果股價在成交量的配合下，向上突破60日、120日及250日均線上行（或回檔不破60日均線），長期趨勢可以看多做多。

250日均線作為長期均線使用，能揭示股價長期趨勢，是牛熊走勢的分界線，經常用於判斷個股走勢的牛熊轉換。如果股價放量突破250日均線、250日均線反轉向上，則是走牛的趨勢。

這個均線組合中，如果將120日均線和250日均線的運用，與波浪理論相結合，對個股進行分析，效果會更好。

這個均線組合比較適合資金雄厚的主力機構抄底做長線，尤其是對跌幅巨大的低價股，進行謀劃、控盤及操盤。

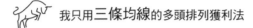

| 圖4-30 | 長城汽車（601633）2020年7月8日的K線走勢圖 |

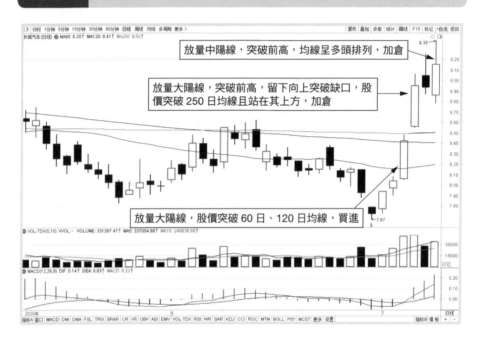

　　圖4-30是長城汽車（601633）2020年7月8日的K線走勢圖。將整個K線走勢縮小後可以看出，此時個股處於上升趨勢中。股價從前期高位，即2015年4月23日最高價59.50元，一路震盪下跌，至2018年12月25日最低價5.50元止穩，下跌時間長且跌幅大，期間有過多次大幅度的反彈。在下跌後期，主力機構透過反彈行情、打壓股價吸籌等操盤手法，收集不少籌碼。

　　股價止穩後，主力機構快速推升股價、收集籌碼，然後該股展開震盪盤升行情，K線走勢呈現紅多綠少、紅肥綠瘦的態勢，此時60日和120

日均線由下行逐漸走平，然後反轉上行形成黃金交叉。

2019年4月18日，該股大幅開高（向上跳空4.66％開盤），股價衝高至當日最高價11.12元再回落，收出一根螺旋槳陰K線，成交量較前一交易日萎縮，主力機構展開縮量回檔（急跌）洗盤行情，此時投資者可以先賣出手中籌碼，等待股價回檔（下跌）洗盤到位後再買回。

5月6日，該股開低，收出一根大陰線，股價探至當日最低價8.14元止穩，展開大幅橫盤震盪洗盤吸籌行情，主力機構低買高賣賺取價差，獲利與洗盤吸籌並舉。

震盪盤升和橫盤震盪洗盤吸籌期間，主力機構拉出四個漲停板（一個小陽線漲停板、兩個大陽線漲停板，以及一個長下影線陽線漲停板），皆是吸籌建倉型漲停板。期間成交量呈現間斷性放（縮）量，60日、120日均線隨著股價的漲跌而上下穿行，但大致呈現平行交叉黏合狀態，250日均線由下行逐漸走平，然後翹頭向上移動。

2020年7月3日，該股跳空開高，收出一根大陽線（收盤漲幅為4.73％），突破前高，成交量較前一交易日明顯放大，當日股價突破60日、120日均線，且收在120日均線上方，60日均線向上移動，250日均線即將走平，股價強勢特徵已經顯現，投資者可以在當日或次日進場買進籌碼。

7月6日，該股繼續跳空開高，收出了一根大陽線（收盤的漲幅為6.29％），突破前高，留下向上跳空突破缺口，成交量較前一交易日放大，形成向上突破缺口K線型態。

當日股價突破250日均線且收在其上方，60日、250日均線上行，120日均線即將走平。此時，均線（除了120日均線之外）呈現多頭排列，MACD、KDJ等技術指標走強，股價強勢特徵已經相當明顯，後市上漲

機率大。像這種情況，投資者可以在當日或次日進場加倉買進籌碼。

7月8日，長城汽車開低，收出一根中陽線，突破前高，成交量較前一交易日放大。此時，均線呈現多頭排列，MACD、KDJ等技術指標走強，股價強勢特徵已經十分明顯，後市持續快速上漲機率大。這時候，投資者可以在當日或次日進場加倉買進籌碼，然後持股待漲，等待股價出現明顯見頂訊號時再賣出。

圖4-31是長城汽車（601633）2021年1月13日的K線走勢圖。從K線走勢可以看出，2020年7月8日，該股開低，收出一根放量中陽線，突破前高，均線呈現多頭排列，股價強勢特徵已經相當明顯。之後，主力機構快速拉升股價。

從拉升情況來看，主力機構依託60日均線，採取台階式推升的操盤手法展開拉升行情。在拉升過程中，只要股價離60日均線較遠，主力機構就會展開回檔洗盤，像是2020年8月11日、9月21日、10月14日、11月6日進行的四次回檔洗盤，都是股價距離60日均線較遠且漲幅較大，但回檔洗盤時，股價都沒有跌破60日均線。

在回檔洗盤過程中，投資者要注意盯盤，每次回檔洗盤到位，都是進場加倉買進籌碼的機會。四次調整洗盤皆是強勢調整，幅度不大、時間也不長（11月6日的回檔洗盤時間稍長）。

因為股價從底部起來，主力機構籌碼鎖定比較好，採取台階式推升的手法，主要透過台階整理，清洗獲利盤、調倉換股、拉高新進場投資者的入場成本，確保股價穩定上行，一個台階一個台階往上走。

從12月21日起，該股展開快速拉升行情，整個拉升行情比較乾淨俐落，股價從2020年7月3日收出一根大陽線，突破60日和120日均線（收盤價為8.42元），上漲到2021年1月12日放量大陽線（收盤價為48.77元），

圖4-31　長城汽車（601633）2021年1月13日的K線走勢圖

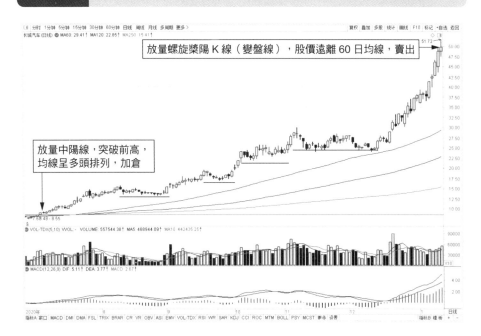

漲幅非常大。

2021年1月13日，長城汽車以平盤開出，股價衝高至當日最高價51.72元再回落，收出一根螺旋槳陽K線，成交量較前一交易日放大，展開回檔洗盤行情（此時股價遠離60日均線且漲幅大）。

面對這種情況，不管主力機構是回檔洗盤還是出貨，投資者都要賣出持股，因為此時股價漲幅已非常大。如果股價回檔（下跌）到一定幅度，K線、均線、成交量及其他技術指標走強，可以再將籌碼買回。

圖4-32（見下頁）是長城汽車（601633）2021年8月3日的K線走勢

圖4-32　長城汽車（601633）2021年1月13日的K線走勢圖

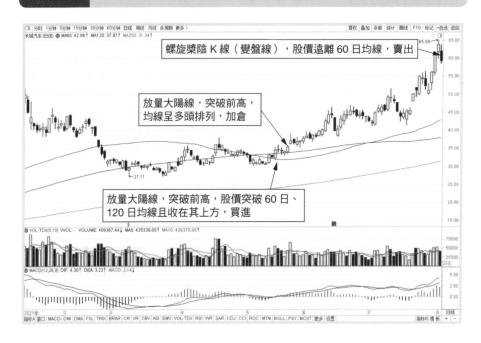

圖。從K線走勢可以看出，2021年1月13日，該股以平盤開出，收出一根放量螺旋槳陽K線，展開回檔（下跌）洗盤行情，持續兩個多月，股價跌破60日和120日均線，回檔（下跌）時間長、跌幅大。這時候，投資者（尤其是謹慎的投資者）可以換其他強勢個股操作。

5月19日，該股開高，收出一根大陽線（收盤漲幅6.06％），突破前高，成交量較前一交易日明顯放大。當日股價突破60日、120日均線且收在其上方，股價強勢特徵開始顯現。此時，投資者可以在當日或次日進場買進籌碼。之後主力機構慢慢推升股價，該股展開震盪盤升行情。

5月25日，該股開低，收出一根大陽線，突破前高，成交量較前一交易日明顯放大，股價再次突破60日、120日均線且收在其上方。此時，60日、120日及250日均線呈現多頭排列，股價強勢特徵相當明顯。這時候，投資者可以在當日或次日進場加倉買進籌碼。之後主力機構快速拉升股價。

從拉升情況來看，主力機構依託60日均線，採取波段式推升股價的操盤手法拉升股價。在拉升過程中，主力機構展開三次回檔洗盤行情（即三個波段），回檔時間約為三至五個交易日，回檔幅度不大。

整個拉升過程順暢，股價從5月25日該股收出一根大陽線，再次突破且收在60日、120日均線上方（收盤價為35.30元），上漲到8月2日收出一根螺旋槳陽K線（收盤價為63.71元），漲幅相當不錯。

8月3日，長城汽車開低，收出一根螺旋槳陰K線，成交量較前一交易日萎縮，收盤跌幅為7.20％，加上前一交易日收出螺旋槳陽K線，顯示股價上漲乏力，主力機構盤中拉高股價的目的是出貨。

此時股價遠離60日均線且漲幅大，MACD、KDJ等技術指標開始走弱，盤面弱勢特徵已經顯現。這時候，由於60日均線的嚴重滯後性，投資者如果還有籌碼沒有出完，為了確保獲利最大化，可以不等60日均線走平或反轉向下，就在次日逢高賣出手中籌碼。

圖4-33（見下頁）是長城汽車（601633）2022年1月6日的K線走勢圖。從K線走勢可以看出，2021年8月3日，該股開低，收出一根螺旋槳陰K線（變盤線），收盤跌幅為7.20％，加上前一交易日收出的螺旋槳陽K線，顯示股價上漲乏力，主力機構盤中拉高股價的目的是出貨。

之後主力機構展開高位震盪整理行情（股價盤整過程中有回檔、有拉升），其操盤目的仍然是透過震盪整理來掩護出貨。

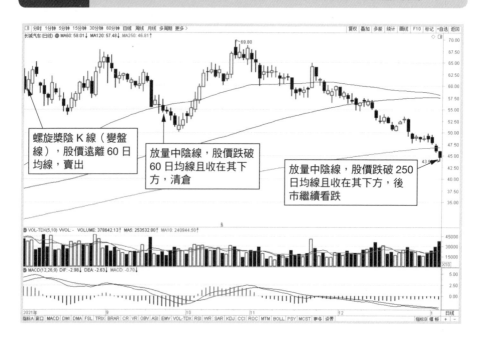

9月23日，該股以平盤開出，收出一根中陰線，成交量較前一交易日放大，當日股價跌破60日均線且收在其下方，MACD、KDJ等技術指標已經走弱，盤面弱勢特徵非常明顯。這時候，投資者如果還有籌碼沒有出完，次日應該逢高清倉。

12月13日，該股開低，收出一根中陰線，成交量較前一交易日放大，當日股價跌破120日均線且收在其下方，60日均線已經反轉下行，120日均線有走平趨勢，跌勢不減。

2022年1月6日，長城汽車以平盤開出，收出一根中陰線，成交量較

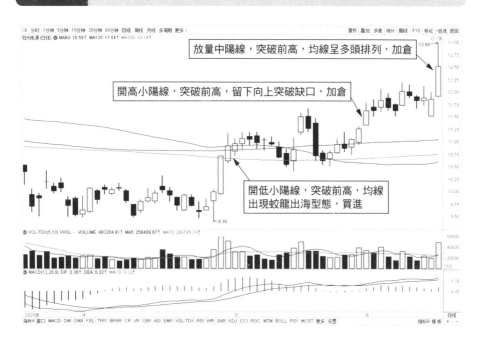

圖4-34　陽光電源（300274）2020年6月15日的K線走勢圖

前一交易日放大，股價跌破250日均線且收在其下方，60日、120日均線下行，且60日均線即將向下穿過120日均線形成死亡交叉，下跌走勢仍將繼續。

　　圖4-34是陽光電源（300274）2020年6月15日的K線走勢圖。在看盤軟體上將整個K線走勢縮小後可以看出，此時該股處於上升趨勢中。股價從前期高位，即2015年6月3日的最高價52.80元，一路震盪下跌，至2018年10月19日最低價5.17元止穩，下跌時間長且跌幅大，期間有過多次大幅度的反彈。

股價止穩後，主力機構快速推升股價、收集籌碼。然後該股展開震盪盤升行情，K線走勢呈現紅多綠少、紅肥綠瘦的態勢，60日和120日均線由下行逐漸走平，隨後翹頭上行形成黃金交叉後，繼續上行穿過250日均線形成黃金交叉，股價逐漸走出底部向上運行。

2019年4月22日，該股開高，股價衝高至當日最高價14.20元再回落，收出一根長上影線倒錘頭陰K線，成交量較前一交易日放大，展開縮量回檔（急跌）洗盤行情，此時投資者可以先賣出手中籌碼，等待股價回檔（下跌）洗盤到位後再買回。

6月17日，該股以平盤開出，收出一根小陰線，股價探至當日最低價8.37元止穩後，展開大幅橫盤震盪洗盤吸籌行情，主力機構低買高賣賺取價差，獲利與洗盤吸籌並舉。震盪盤升和橫盤震盪洗盤吸籌期間，主力機構拉出十個漲停板，多數為吸籌建倉型漲停板。

橫盤震盪洗盤吸籌期間，成交量呈現間斷性放（縮）量，60日、120日均線隨著股價的漲跌，纏繞250日均線上下穿行，但大致呈現平行交叉黏合狀態，均線系統逐漸走強。

2020年4月30日，該股開低，收出一根小陽線，突破前高，成交量較前一交易日萎縮（前一交易日為放量大陽線），當日的股價向上穿過60日、120日及250日均線（一陽穿三線），均線蛟龍出海型態形成。

此時，MACD、KDJ等各項技術指標走強，股價的強勢特徵已經顯現，後市上漲機率大。像這種情況，投資者可以在當日或次日進場分批買進籌碼。

6月1日，該股跳空開高，收出一根小陽線，突破前高，成交量較前一交易日略有萎縮，留下向上跳空突破缺口，股價收在60日、120日及250日均線上方，120日、250日均線翹頭上行，60日均線即將走平，股價

強勢特徵相當明顯。面對這種情況，投資者可以在當日或次日進場加倉買進籌碼。

　　6月15日，陽光電源開高，收出一根中陽線（收盤漲幅為5.57％），突破前高，成交量較前一交易日放大2倍多。此時，均線呈現多頭排列，MACD、KDJ等各項技術指標走強，股價強勢特徵非常明顯，後市持續快速上漲機率大。像這種情況，投資者可以在當日或次日進場加倉買進籌碼，然後持股待漲，等待股價出現明顯見頂訊號時再賣出。

　　圖4-35（見下頁）是陽光電源（300274）2021年2月18日的K線走勢圖。該個股案例與上一個案例的長城汽車走勢相似，因為資金實力雄厚的主力機構大多選擇跌幅巨大且跌到幾塊錢的大（中）型低價股，作為首選目標股票，著眼長遠，從抄底開始運作。

　　主力機構操盤手法，一般是台階式（或波段式、複合式）拉升，邊拉邊洗、穩紮穩打，將股價推升到一定高度後，再快速拉升，然後進行大幅回檔洗盤，低買高賣賺取價差，獲利與洗盤吸籌並舉，等待股價回檔（下跌）到一定幅度後，再展開第二波次拉升。

　　股價達到目標價位後，一般是展開高位震盪整理，慢慢逢高派發（以震盪整理的手法掩護出貨），等待籌碼派發得差不多時，可能直接打壓股價出逃。

　　從陽光電源的K線走勢可以看出，2020年6月15日，該股開高，收出一根放量中陽線（漲幅為5.57％），突破前高，均線呈現多頭排列，股價強勢特徵相當明顯。之後主力機構開始拉升股價。

　　從拉升的情況來看，主力機構依託60日均線，採取台階式推升的手法拉升股價。在拉升過程中，只要股價距離60日均線較遠，該股就會展開調整洗盤行情，像是2020年8月12日、9月14日、10月12日、11月3日展

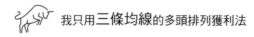

圖4-35 陽光電源（300274）2021年2月18日的K線走勢圖

開的四次調整，股價距離60日均線較遠且漲幅較大，但是股價回檔沒有
跌破60日均線。

在回檔洗盤過程中，投資者要注意盯盤，每次回檔洗盤到位，都
是進場加倉買進籌碼的機會。四次調整洗盤皆是強勢調整，回檔幅度不
大，時間也不長（11月3日展開的調整洗盤時間稍長些）。

因為股價從底部起來，主力機構籌碼鎖定較好，採取台階式推升的
手法，主要透過台階整理，清洗獲利盤、調倉換股、拉高新進場投資者
的買進成本，確保股價穩定上行，一個台階一個台階往上走。12月8日開

始，該股展開快速拉升行情。

整個拉升行情乾淨俐落，股價從2020年6月15日開高收出一根中陽線（收盤價為12.51元），上漲到2021年2月10日收出一根螺旋槳陽K線（收盤價為119.09元），漲幅巨大。

2021年2月18日，陽光電源開高，股價回落，收出一根錘頭陰K線，成交量較前一交易日萎縮，主力機構展開回檔洗盤行情。此時股價遠離60日均線且漲幅大，KDJ等部分技術指標走弱。

這時候，不管主力機構是回檔洗盤還是出貨，投資者都要賣出手中籌碼，因為此時股價漲幅已經非常大。如果股價回檔（下跌）到一定幅度，K線、均線、成交量及其他技術指標走強，可以再將籌碼買回。

圖4-36（見下頁）是陽光電源（300274）2021年7月30日的K線走勢圖。從K線走勢可以看出，2021年2月18日，該股開高收出一根縮量錘頭陰K線，展開回檔（下跌）洗盤行情。

回檔（下跌）洗盤行情持續一個多月，股價跌破60日和120日均線，回檔（下跌）時間長且跌幅大。這時候，投資者（尤其是謹慎的投資者）可以換其他強勢個股操作。

3月30日，該股開低，收出一根大陽線（漲幅為10.66％），突破前高，成交量較前一交易日明顯放大，股價突破120日均線且收在其上方，MACD、KDJ等各項技術指標走強，股價強勢特徵已經顯現，後市上漲機率大。這時候，投資者可以在當日或次日進場逢低分批買進籌碼。之後主力機構慢慢推升股價，該股展開震盪盤升行情。

6月10日，該股跳空開高，收出一根大陽線（漲幅為10.61％），突破前高，成交量較前一交易日放大2倍多，留下向上跳空突破缺口。此時，股價已經突破60日、120日均線，且收在60日、120日均線上方，60

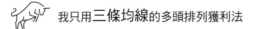

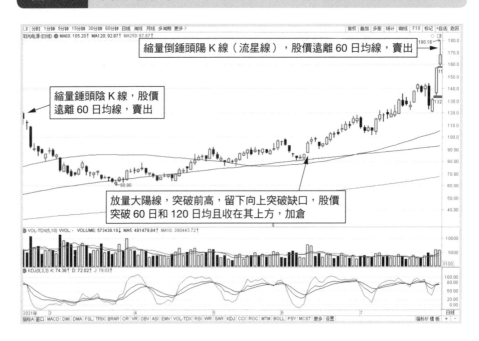

> **圖4-36** 陽光電源（300274）2021年7月30日的K線走勢圖

日、120日及250日均線呈現多頭排列，股價強勢特徵相當明顯，像這種情況，投資者可以在當日或次日進場加倉買進籌碼。之後主力機構快速拉升股價。

　　從拉升情況來看，主力機構依託60日均線，採取波段式推升股價的操盤手法拉升股價。在拉升過程中，該股展開三次回檔洗盤行情（即三個波段），回檔時間為三至五個交易日左右，回檔幅度不大。

　　整個拉升過程順暢，股價從6月10日該股跳空開高，收出一根放量大陽線，突破前高，留下向上跳空突破缺口（收盤價為95.10元），上漲到

9月29日收出一個放量大陽線漲停板（收盤價為156.92元），漲幅相當不錯。

　　7月30日，陽光電源跳空開高，股價衝高至當日最高價180.16元再回落，收出一根倒錘頭陽K線，成交量較前一交易日萎縮，收盤漲幅6.93％（收盤價為167.80元），顯示股價上漲乏力，主力機構盤中拉高股價的目的是出貨。

　　此時，股價遠離60日均線且漲幅大，KDJ等部分技術指標開始走弱，盤面弱勢特徵已經顯現。這時候，由於60日均線的嚴重滯後性，投資者如果還有籌碼沒有出完，為了確保獲利最大化，可以不等60日均線走平或反轉向下，就在次日逢高賣出手中籌碼。

　　圖4-37（見下頁）是陽光電源（300274）2022年1月27日的K線走勢圖。從K線走勢可以看出，2021年7月30日，該股開高收出一根縮量倒錘頭陽K線（流星線），顯示股價上漲乏力，主力機構盤中拉高股價的目的是出貨。

　　之後，主力機構展開高位震盪整理行情（股價盤整中有回檔、有拉升），主力機構的操盤目的仍然是透過震盪整理來掩護出貨。

　　11月16日，該股開低，收出一根小陰線，成交量較前一交易日萎縮，當日股價跌破60日均線且收在其下方，60日均線走平，MACD、KDJ等技術指標已經走弱，盤面弱勢特徵非常明顯。這時候，投資者如果還有籌碼沒有出完，次日應該逢高清倉。

　　2022年1月4日，該股開高，收出一根大陰線，成交量較前一交易日放大，當日股價跌破120日均線且收在其下方，60日均線反轉下行，120日均線走平，跌勢不減。

　　1月27日，陽光電源開低，收出一根大陰線（跌幅為14.25％），成

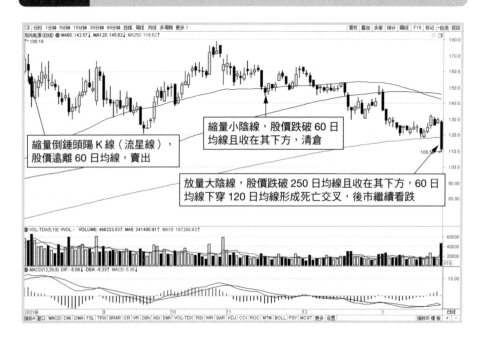

圖4-37　陽光電源（300274）2022年1月27日的K線走勢圖

縮量倒錘頭陽K線（流星線），
股價遠離60日均線，賣出

縮量小陰線，股價跌破60日
均線且收在其下方，清倉

放量大陰線，股價跌破250日均線且收在其下方，60日
均線下穿120日均線形成死亡交叉，後市繼續看跌

交量較前一交易日放大3倍多，當日股價跌破250日均線且收在其下方，60日、120日均線下行，而且60日均線已向下穿過120日均線形成死亡交叉，下跌走勢仍將繼續。

☑ 均線組合是把兩條或兩條以上均線互相搭配的組合型態，分為混搭均線組合與順搭均線組合。也可以依均線的計算週期，分為短期均線組合、中期均線組合、長期均線組合。

☑ 5 日、10 日、20 日均線組合是一組較容易把握但較靈活的短線交易組合，操作簡便，可信度高，不足之處是穩定性不強，不適合觀察中長期的發展趨勢和方向。

☑ 5 日、10 日、30 日均線組合是投資者最常用的組合之一，實用性強、可信度高。30 日均線作為該組合的長期均線，能清楚揭示股價的中期運行趨勢和方向。

☑ 10 日、20 日、60 日均線組合是一組穩健、操作性強的中線交易均線組合。可以判斷支撐與壓力，把握股價中期運行趨勢和方向，確認中期買賣點，明確股價中期反轉趨勢。

☑ 10 日、30 日、60 日均線組合又稱「136 均線組合」，是股市最常用、最實用且最具操作性的均線系統之一，也是一組比較穩健、成功率高、見效較快的中線交易均線組合。

☑ 相較於 10 日、20 日、60 日均線組合，以及 10 日、30 日、60 日均線組合，10 日、40 日、60 日均線組合在操作上更穩定。40 日均線是一些主力機構專門設定的中期參考均線，相比 30 日均線，能更有效判斷行情發展方向和趨勢。

- ☑ 30 日、60 日、120 日均線組合嚴格定義會是一組中長期均線組合，是一組運行更穩健、操作性更強的長線交易均線組合。

- ☑ 30 日、60 日、250 日均線組合與 30 日、60 日、120 日均線組合的差別，只是把作為支撐與壓力線的長期均線由半年線換成年線，讓研判個股（尤其大型股）的走勢時，效果更加明顯。

- ☑ 相較於 30 日、60 日、250 日均線組合，60 日、120 日、250 日均線組合的週期變長，支撐與壓力相對放寬，更有利於判斷股價的長期趨勢。

國家圖書館出版品預行編目（CIP）資料

我只用三條均線的多頭排列獲利法：學會 70 張 K 線圖，判斷股價強弱，
抓到大賺 100% 的領漲黑馬！／
明發著. -- 新北市：大樂文化有限公司，2024.06
192面；17×23公分. --（Money；053）

ISBN 978-626-7422-30-4（平裝）
1. 股票投資　2. 投資技術　3. 投資分析

563.53　　　　　　　　　　　　　　　　　　　　113006195

Money 053

我只用三條均線的多頭排列獲利法

學會 70 張 K 線圖，判斷股價強弱，抓到大賺 100% 的領漲黑馬！

作　　　者／明　發
封面設計／蕭壽佳
內頁排版／楊思思
責任編輯／周孟玟
主　　　編／皮海屏
發行專員／張紜蓁
發行主任／鄭羽希
財務經理／陳碧蘭
發行經理／高世權
總編輯、總經理／蔡連壽

出 版 者／大樂文化有限公司（優渥誌）
　　　　　地址：新北市板橋區文化路一段268號18樓之1
　　　　　電話：（02）2258-3656
　　　　　傳真：（02）2258-3660
　　　　　詢問購書相關資訊請洽：（02）2258-3656

香港發行／豐達出版發行有限公司
　　　　　地址：香港柴灣永泰道 70 號柴灣工業城 2 期 1805 室
　　　　　電話：852-2172 6513　傳真：852-2172 4355

法律顧問／第一國際法律事務所余淑杏律師
印　　　刷／韋懋實業有限公司

出版日期／2024 年 06 月 11 日
定　　　價／280 元（缺頁或損毀的書，請寄回更換）
Ｉ Ｓ Ｂ Ｎ／978-626-7422-30-4